교사가 성장하면
수업도 성장한다

# 교사가 성장하면 수업도 성장한다

(행복한 교육을 위한 교사 성장 프로젝트)

[행복한 교과서®] 시리즈 No. 39

지은이 | 김진수
발행인 | 홍종남

2018년 12월 17일 1판 1쇄 인쇄
2018년 12월 24일 1판 1쇄 발행

**이 책을 만든 사람들**

책임 기획 | 홍종남
북 디자인 | 김효정
교정 교열 | 주경숙
제목 | 구산책이름연구소
출판 마케팅 | 김경아

**이 책을 함께 만든 사람들**

종이 | 제이피씨 정동수 · 정충엽
제작 및 인쇄 | 천일문화사 유재상

펴낸곳 | 행복한미래
출판등록 | 2011년 4월 5일. 제 399-2011-000013호
주소 | 경기도 남양주시 도농로 34, 부영e그린타운 301동 301호(다산동)
전화 | 02-337-8958   팩스 | 031-556-8951
홈페이지 | www.bookeditor.co.kr
도서 문의(출판사 e-mail) | ahasaram@hanmail.net
내용 문의(지은이 e-mail) | dreamisme@naver.com
※ 이 책을 읽다가 궁금한 점이 있을 때는 지은이 e-mail을 이용해 주세요.

ⓒ 김진수, 2018
ISBN 979-11-86463-39-0
〈행복한미래〉 도서 번호 070

# 교사가 성장하면 수업도 성장한다

| 김진수 저 |

행복한미래

# 교사의 삶이 곧 수업재료다

눈이 떠진다.

물을 한 컵 마신다.

머리를 감는다.

기도를 한다.

성경을 읽는다.

필사를 한다.

글을 쓴다.

독서를 한다.

영어 공부를 한다.

수업을 준비한다.

　루틴(Routine)이라고 하든가? 아침마다 반복된 일들을 하면서 문득 알게 되었다. 수많은 사람들이 이런 습관적인 작은 행동을 통해 변하고 있다는 것을. 이런 걸 '미라클 모닝'이라고 부르는 모양이다. 말 그대로 기적의 아침을 맞이한다. 나의 삶 역시 미라클 모닝을 만나면서 큰 변화를 겪고 있다. 모르는 누군가와 이렇게 글로 소통하고 있다는 것 자체가 큰 변화 중 하나다. 글은 곧 삶이 되고, 삶은 수업재료가 되었다. 내 삶을 투명하게 보여주니 아이들도 함께 변하고 있음이 느껴진다.

　14년째 아이들과 동고동락하면서 무엇보다 '세 가지를 만나자'고 꾸준히 말해주고 있다. 독서, 꿈, 롤모델! 그 세 가지 중 어느 것 하나만 제대로 만나도 아이들은 쉽게 변할 수 있기 때문이다. 독서는 독서대로 강력하여 꿈과 롤모델로 연결되고, 꿈은 꿈대로, 롤모델은 롤모델대로 강력한 힘이 있다. 그 어느 것 하나 놓칠 수가 없다.

　"난 내 꿈이 뭔지 아는 데 오래 걸렸어. 그러다 5학년 때 깨달았어. 못해서 실패하는 것이 아니라 포기해서 실패한다는 것을 말야. '노력하면 다 된다'는 말을 듣고 내 꿈이 뭔지 찾기 시작했는데, 내 나름대로는 간절했기 때문에 열심히 찾으니 꿈이 보이더라. 이제 나는 내가 겨우 찾아낸 꿈을 이루기 위해 포기하지 않고 노력할 거야."

우리 반 한 친구의 고백이 나의 고백이자 우리의 고백이 되길 바란다. 32살부터 시작한 독서가 내게 수많은 성장의 기회를 주었다. 그냥 스쳐 지나가는 시간일 수도 있었지만 독서는 결국 내 삶에 수많은 것들을 안겨주었다. 조금 성장하고 나니 이제야 조금씩 수업도 보이기 시작한다. 아직 잰걸음일 뿐이지만 한 발 한 발 전진하다 보니 누군가에게 나눌 수 있는 여력도 생긴다. 내 수업은 거창하지 않다. 그저 내 삶 그대로가 수업재료가 되고 있을 뿐이다. 교사의 삶은 아이들에게 강한 동기부여를 할 수 있는 수업의 핵심이라 생각하기 때문에 이 부분은 몹시 소중하다.

때로는 넘어질 때도 있다.
그래도 괜찮다. 다시 일어서면 되니까.
때로는 상처가 날 때도 있다.
그래도 괜찮다. 상처가 아물도록 어루만지면 되니까.
때로는 주저앉고 싶은 때도 있다.
그래도 괜찮다. 잠시 쉬어 가면 되니까.

　이 모든 것들이 교사로서의 나를 더욱 성장시키고 삶을 단단하게 만든다고 믿는다. 모든 것들이 삶을 성장시키는 요소가 된다. 나는 그런 요소를 토대로 수업을 구성한다. 교사인 나의 삶이 부끄럽지 않기 위해 오늘도 부지런히 배우고, 기록하고, 성장하며, 나누는 삶을 살아가고 있다. 거룩한 부담감을 안고 당신의 삶을 가꿔가길 소망한다.

　교사인 당신의 삶은 그대로 아이들과의 수업재료가 될 테니.

차례

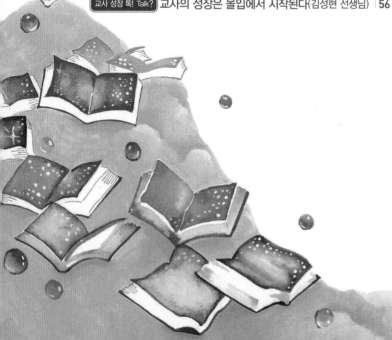

## 2부 · 교사의 성장이 교육의 미래다

## 3부 · 교사가 책을 읽으면 아이들이 성장한다

# 4부 • 아이들은 교실에서 세상을 만난다

# 5부 · 교사의 성장이 최고의 수업을 만든다

| 1부 |

# 교사의 꿈이
# 아이의 꿈을 만든다

"진수 선생님, 5년 뒤에는 어떤 모습으로 살 것 같아요?"

"5년 뒤요? 글쎄요."

"5년 뒤에 자신의 모습이 어떨지를 생각해보면 다음 학교가 보일 거예요."

"1년 앞도 모르는데 5년 뒤를 벌써 생각할 필요가 있나요?"

2012년 존경하는 두 선생님들과 함께 식사할 기회가 있었다. 결혼한 지 5개월 남짓이었던 우리를 축하하기 위한 자리였고, 즐거운 마음으로 대화하던 중 앞으로 전근해야 할 학교에 대한 조언을 구하다가 나온 이야기였다. 당시 나는 더 이상 할 말이 없었다. 미래에 대한 확신도 없었고, 더 솔직히 말하면 5년 뒤 10년 뒤를 계산하며 그렇게까지 복잡

한 인생을 살고 싶지도 않았기 때문이다. 돌아오는 길에 아내와 이야기를 나누다가 당시 읽고 있었던 이지성의 《꿈꾸는 다락방》의 한 소절이 생각났다. "꿈을 그저 바람(Wind)이 아닌 바람(Hope)으로 만들어라." 우리 둘은 운전하는 차 안에서 위험한 것도 잊은 채 서로를 바라보며 이렇게 외쳤다. "그래! 떠나는 거야, 파주로!"

당시 파주는 교사들이 일산이나 수원 등 도심지로 나가는 분위기였다. 승진 가산점 제도가 달라지면서 혜택이 줄어들자 많은 분들이 주변 대도시 학교로 이동했기 때문이다. 나는 교사들의 이동 수요를 파악하고 파주로 가기로 결심했다. 이유는 단순했다. 농촌의 소규모 학교를 경험해보고 싶었다. 주변의 많은 선생님들이 소규모 학교는 업무가 많아 힘들다며 내 결정을 만류했지만 이미 마음을 정한 후라 곧 실행에 옮기기 시작했다.

'해보지도 않고 어렵다고 하면 안 되지. 직접 몸으로 부딪혀보고 나와 어울리는지 아닌지 결정하면 돼. 그래, 가는 거야!'

아직 채 이동 발표도 나지 않은 12월 30일에 우리는 겨울방학을 활용해 파주로 이사를 감행했다. 주변 친구들과 동료들은 결과도 나오지 않았는데 움직인 우리를 걱정했다. 다음날인 12월 31일 송구영신 예배에서 이런 기도를 드렸다. 아마 아내도 나와 비슷했을 것이다.

"주님, 아직 잘은 모르겠지만 이곳에 보내주신 뜻이 있을 것이라는 확신이 듭니다. 이곳에서 많은 사람들을 만나고, 많은 일들을 겪으면서 제가 나아가야 할 방향을 발견하게 해주세요. 이 모든 것을 맡깁니다."

지금 돌이켜보면 감사하게도 그 기도가 이뤄졌다. 6학급에, 전교생이 56명인 학교로 발령이 난 것이다. 발령나자마자 기쁜 마음으로 차를 몰고 갔다. 교무실에 인사를 드리는데 가슴이 설렜다. 새로운 환경에 대한 적응력에 자신이 있었기 때문에 두려움은 전혀 없었다. 처음 맡은 것은 인성 업무와 3학년 담임! 비어 있는 업무 칸이 없어 선택의 여지가 없었다. 3월 한 달 동안은 남아서 인성 업무를 파악했다. 그전에는 몰랐다, 이렇게 공문들이 많이 오는지. 공문 읽다가 하루가 다 갈 정도로 샅샅이 읽었고 업무를 빠르게 파악하기 위해 예전 공문까지 읽어야만 했다. 내가 적용해야 할 부분들을 메모하면서 노트에 빽빽하게 적었다. 옆 반 선생님께서 지나며 한마디하신다. "작년의 나를 보는 것 같군!"

감사하게도 전담 선생님을 포함해 단 7명뿐인 학교였는데도 선생님들은 하나같이 각 분야의 고수들이었다. 학급경영, 체육, 줄넘기, 정보, 수업, 음악, 과학 분야 등 능통했다. 그분들의 삶을 통해 교사에 대한 눈을 조금씩 키워나갔다. 그 당시 정확하게 '이거다!' 하고 발견한 것은 없었지만 나 역시 그런 대열에 반드시 포함되리라는 소망을 갖고 하루하루를 살아갔다. 마침 강헌구의 《아들아, 머뭇거리기에는 인생이 너무 짧다. 비전편》을 읽으며 삶의 목표에 대한 관심을 갖고 있을 때라 그 저자처럼 한 단어의 비전을 발견할 수 있기를 갈망했었다. 40대 중반에서야 비로소 '비전'이라는 단어를 발견했다는 저자의 고백을 들으며, 당시 33살이었던 나는 좀 더 빠를 것이라는 기대감이 있었다. 물론 '발견하지 못하면 어쩌지'라는 조급함도 있었지만. 독서를 하기 시작하니 느껴지지 않았던 내 심장 박동이 서서히 들리기 시작했다. 그곳에서 파브르가 나에게 이런 말을 했다. "진수야! 네 인생은 날벌레 같지 않니? 너는 어떤 삶을 선택할 거니?"

파브르가 날벌레의 움직임을 통해 발견한 것은 어떤 방향이나 목적지도 없이 그냥 도는 날벌레 87%의 삶이 꿈과 목적 없이 사는 인간의 모습과 흡사하다는 것이었다. 자신의 꿈을 찾아 가슴 뛰는 삶을 사는 나머지 13%의 삶! 나는 그 대열에 반드시 합류하고 싶었다.

가슴 뛰는 삶이란 무엇일까? 수많은 위인들과 삶의 어떤 분야에서 성공한 사람들은 하나같이 이야기한다. '가슴 뛰는 삶을 살아라!' 좀 더 구체적으로 정의하면 이렇지 않을까? '자기 전에 내일이 기대되는 삶, 일어난 후 오늘도 감사합니다라고 즉각 말할 수 있는 삶'이라고. 가슴 뛰는 삶이란 것은 매 순간 내가 성장하는 느낌을 받을 수 있을 때야 비로소 생기는 것일 게다. 나는 날벌레의 교훈을 얻은 뒤로 동료교사들에게 비슷한 질문을 하기 시작했다.

"요즘 행복하세요?"

"글쎄, 행복을 생각할 새가 어디 있나요? 그냥 사는 거지."

"그런가요? 그런데 우리는 아이들에게 매 순간을 행복하게 살라고 가르치잖아요?"

"그건 가르칠 때 하는 이야기고. 내 삶으로 돌아오면 그게 어디 쉽나요. 김 선생님은 아직 인생을 덜 살아서 잘 모를 수도 있어요. 한번 살아봐요. 그게 어디 쉽나! 허허허."

돌아오는 대답은 다들 힘들다는 것이었다. 물론 행복한 메아리로 대답하는 분들이 간혹 있긴 했으나 말 그대로 간혹이었다. 많은 교사들이 힘들게 사니 교육 또한 힘들 수밖에 없고, 배우는 학생들도 힘들다.

교사의 삶을 들여다보았다. 좋은 성적으로 교육대학교에 갔고, 임용시험을 통과해서 일선 학교에 배치되었다. 그러나 그곳에서도 비교 아닌 비교를 당해가며 승진 점수 경쟁에 몰리는 현실 속에서 자기 자신을 제대로 들여다보는 교사가 과연 몇 명이나 있을까? 학생들을 가르치기는 쉽지만 자기 자신을 제대로 가르치기란 쉽지 않기에 시간을 들여서라도 그것을 찾고 또 찾아야 한다. 그런데 우리 대부분은 그렇게 하지 못하고 있다.

만약 가슴 뛰는 삶과 가슴이 뛰지 않는 삶 중 선택할 수 있다면 당신은 어떤 선택을 할까? 나는 단연코 전자의 삶을 선택할 것이다. 그것이 나를 더욱 나답게 하고 무작정 의미 없이 따라 사는 날벌레의 삶을 벗어나는 유일한 길이기 때문이다. 잠시 쓰던 글을 멈추고 거울 앞에 서 있는 나를 바라본다. 그리고 이런 질문을 던져본다.

"진수야! 너 요즘 행복하니?"

"어, 행복해! 왜냐하면 가슴 뛰는 삶을 살고 있거든."

5년 후의 내 인생을 설레는 마음으로 기대한다.

# 2
## 사회적 관점의 승진보다 교사의 성장을 꿈꾸다

**(일화 1) 동학년 회의 중**

"선생님, 그 이야기 들었어요?"

"어떤 거요?"

"글쎄, ○○○ 선생님께서 점수를 받겠다고 컵스카우트를 잘하던 수연이를 걸스카우트로 등록시켰다지 뭐예요? 그럼 나는? 나는 뭐 필요하지 않은 사람인가? 정말 화가 나서 가만있을 수가 없네요. 당장 가서 따져야겠어요."

"무슨 사연이 있지 않겠어요? 정확한 사실이 아닐 수도 있으니 좀 더 지켜보시죠."

"학부모님께 직접 들은 이야기라서 확실해요. 이번에는 절대로 못 넘어갑니다."

(일화 2) **인사위원 회의 중**

"우리 학교 외국인 근로자 자녀 규정을 보겠습니다. 내년에 다문화 연구학교에 선정되면 다문화 학생들을 제비뽑기로 정하고, 선정되지 않으면 부장선생님께 우선적으로 배치하려고 하는데 이의 있으신 분 계신가요?"(당시에는 연구학교에 선정되면 많은 선생님들께 연구 점수가 부여되었기 때문에 이런 조건을 달았음.)

"선생님, 조건이 조금 애매한 것 같습니다. 연구학교로 선정되든 안 되든 조건을 달 것이 아니라 그냥 하나의 조건으로 통일해야 공평한 거 아닌가요?"

"저기 김 선생님, 아직 젊어서 잘 모르는 것 같은데 때로는 일을 유두리 있게 하는 것이 좋아요. 나이 드신 분이 점수가 필요해서 이렇게 하는 겁니다. 자! 다들 이의 없으시죠?"

"점수가 필요한 것은 인정합니다. 하지만 점수만 거저 받고 아이는 가르치지 않는다는 게 정의로운가에 의문을 제기하는 것입니다. 이것이 진짜 다문화 아이들을 위한 교육이라고 여기시는 건가요?"

"일단 이렇게 진행하겠습니다."

(일화 3) **동문회 참석 중**

"선배님, 어떻게 하면 승진 점수를 잘 모을 수 있을까요? 특히 저(동문회에 참석한 제3자)는 연구 보고서에 취약해서 좀 걱정입니다."

"에이, 아직 멀었구먼. 쉽게 생각해! 딱 2주야, 2주. 좋은 양식 받아서 2주만 머리 굴리고 잘된 보고서 중 우리 교실에 어울리는 걸 짜깁기만

하면 돼. 필요한 사진은 아이들을 모델로 세우면 그만이지. 보고서야 다 거기서 거기니 세련되게 색깔만 좀 입히면 돼. 난 2주면 충분하더라고. 그게 뭐가 어려워. 필요하면 내가 좀 도와줄게. 전화하게나."

위 일화들은 내가 직접 겪은 것들이다. 첫 번째는 교직 2년 차에, 두 번째는 교직 5년 차에, 세 번째는 교직 8년 차에. 그 외에도 승진 점수와 관련한 수많은 에피소드가 있지만 차마 다 글로 옮기지 못하겠다. 치부를 드러나는 것밖에 되지 않기 때문이다. 내가 100% 깨끗하다, 정의롭다는 게 아니라 학교라는 곳도 일반 회사처럼 미묘한 감정의 소용돌이 속에 움직이는 작은 사회일 뿐이라는 말을 하고 싶었다. 수업만 한다면 얼마나 좋을까만 실정은 그렇지가 않다.

대학 시절 어떤 수업 중간에 영화 〈홀랜드 오퍼스〉를 보았다. 주인공 홀랜드는 위대한 곡을 쓰기 위해 작곡을 하지만 현실에 부딪혀 음악교사의 길을 걷게 된다. 생각과는 다른 삶을 살아가면서 언제든지 떠날 준비를 했으나 현실에 파묻힌 채 30년이라는 긴 세월을 학교에서 보내게 된다. 가장 멋진 장면을 하나 꼽자면 교단을 떠나는 그를 향한 제자들의 사랑이 묻어나는 마지막 부분이다. 아직까지도 기억이 생생하다. 한없이 자신감이 부족했던 한 소녀가 홀랜드 선생님 덕분에 잘 성장한 후 주지사로 등장해 이런 이야기를 한다.

"선생님은 언제나 부와 명성을 안겨줄 교향곡을 작곡하고 계셨죠. 하지만 선생님은 부자도 아니고, 다만 여기서 유명할 뿐입니다. 따라서 실패하셨다고 볼 수도 있지만 그건 잘못된 생각이지요. 왜냐하면 부와 명성을 앞지르는 성공을 하셨기 때문입니다. 주위를 둘러보세요. 선생님께 영향을 받은 많은 제자들이 있습니다. 선생님 덕분에 모두 다 훌륭하게 성장했지요. 우리가 선생님의 교향곡입니다. 우리가 선생님 작품의 멜로디이자 음표이자 음악입니다."

이 고백을 들었을 때 그의 마음이 어땠을지 상상하자 보는 내내 심장이 뛰기 시작했다. 나 역시 그런 교사가 되고 싶었다. 누군가의 가슴속에 진정으로 남겨진 스승 말이다. 내가 퇴직할 때 영화 속 그 장면처럼 나를 거쳐간 수많은 제자들이 한자리에 모여 있는 모습을 떠올리자 아이들을 빨리 만나고 싶어졌다. 상상만으로도 행복했다. 물론 쉽지 않음을 이제 알지만 그래도 그런 환상은 여전히 진행 중이다.

또 한 편의 영화를 보았다. 마지막 장면, 선생님이 교단을 떠나갈 때 "Captain, oh! my captain."을 외치며 책상 위로 한 명씩 올라갈 때의 모습으로 유명한 〈죽은 시인의 사회〉 말이다. 주인공 키팅 선생님이 던지는 메시지 하나하나가 많은 사람들의 가슴을 흔들어 놓았다.

"시간이 있을 때 장미 봉우리를 거두라. 이걸 라틴어로 표현하자면 '카르페디엠'이지."

"현재를 잡아라. 삶의 정수는 '미래'가 아니라 '지금'에 있다."

"한 번뿐인 인생이니 독창적인 삶을 살아라."

"너희들의 목소리를 찾을 수 있도록 투쟁해야 해."

한 문장 한 문장이 모두 명대사였다. 하지만 그 어떤 말보다 나를 자극했던 말은 따로 있다.

"타인의 인정을 받는 것도 중요하다. 하지만 자신의 신념의 독특함을 믿어야 한다."

"대답은 한 가지! 바로 네가 거기에 있다는 것, 생명과 존재가 있다는 것, 화려한 연극은 계속되고 너 또한 한 편의 시가 된다는 것, 여러분의 시는 어떤 것이 될까?"

보면서 눈시울이 붉어졌다. 가슴이 뜨거웠다. 나도 키팅 선생님처럼 가슴을 적시는, 더 나아가 아이들에게 한 편의 시를 선물해주는 그런 교사가 되자고 굳게 다짐했었다. 막상 현장에 나오니 내가 꿈꾸던 학교와는 전혀 달랐다. 수업은 수업대로 힘들었고, 학급 운영은 운영대로 힘에 부쳤으며, 새롭게 하는 업무는 업무대로 나를 힘들게만 했다. 모든 것이 힘들었다. 겉으로 봤을 때는 배움에 대한 활동이 활발하게 진행되는 것 같았는데, 학교 속을 들여다보니 그 외적인 것들이 주를 이루는 듯한 모습이 가득했다. 지금 돌이켜보면 이제 갓 알에서 태어나 세상을 알아가는 듯한 새처럼 교사로서의 내 삶도 그런 시기였다.

어느덧 내가 꿈꿔오던 홀랜드, 키팅 선생님의 모습은 잊은 채 그저 현실에 맞춰 살기에도 바쁜 하루하루가 반복되었다. 생각대로 사는 인생과는 거리가 먼, 사는 대로 생각하는 그런 시간들이었다. 방과 후에는 배움에 대한 이야기보다는 승진 점수에 대한 이야기가 주를 이루었고, 다음 학교를 정할 때는 그것에 맞춰 어느 지역으로 가서 어떤 업무를 맡아야 한다는 등의 이야기가 계속되었다. 내게는 가슴 깊이 다가오지 않는 일들이었다. 그래서 많은 관리자와 이야기를 나눴다. 그들에게 승진하고 싶었던 직접적인 이유에 대해 물었다. 그 결과 가감없이 내 안에서 해석한 이유는 크게 세 가지다.

하나, 명예로운 은퇴
둘, 담임으로서 아이들과 학부모를 대하는 일의 어려움
셋, 교과 변화가 너무 빠르고 다양해짐

물론 이런 현실적인 이유가 아니라 진정한 교육을 위해 관리자의 길을 걷고 계신 분들도 많다. 하지만 오직 '승진'이라는 두 글자를 위해 주변을 보지 않는 분들도 있기에 니체의 조언을 함께 나눠본다.

"산을 오른다, 짐승처럼 망설임도 없이. 땀범벅이 되어 오직 정상을 목표로 오를 뿐이다. 오르는 동안 눈부시게 아름다운 풍경이 펼쳐질 테지만 오로지 높은 곳을 향하는 것 외에는 알지 못한다. 사람은 때때로 그렇게 우매한 짓을 저지른다."

승진에 대해 이렇게 말하고 싶다.

"사람을 얻고 갈 수 있는 승진은 바람직하다."

레일 라운즈는 《사람을 얻는 기술》에서 이렇게 이야기한다.

"성공에 필요한 사람을 얻어라. 행복을 함께할 사람을 얻어라. 인생에 등불이 되어줄 사람을 얻어라."

내가 가는 길이 사람을 얻으면서도 갈 수 있는 일인지에 귀를 기울여본다. 교직 경력 14년 차인 내가 찾은 기준은 이것 하나다. 사람을 얻을 수 있는 일인가? 나 역시도 승진을 목표로 한다. 그런데 사회적 관점의 승진과는 조금 다르다. 나만의 승진제도가 있다. 그 기준은 성실하게 매일 매 순간 앞으로 나아가는 성장의 삶이다. 어제의 나와 비교해서 오늘 조금이라도 성장하는 것이 나만의 승진제도다. 가치 있는 습관이 생길 때마다 승진 점수를 부여한다. 지금까지 내가 얻은 승진 점수를 공개한다.

새벽 4시 30분 기상(1점), 미라클 모닝 필사(1점), 글쓰기(1점), 하루 10분 성경 읽기(1점), 하루 10분 고전 읽기(1점), 하루 10분 이상 독서하기(1점), 아이들 글똥누기(마음 두 줄 쓰기)에 댓글 달기(1점), 밀알이야기 기록하기(1점), 감사일기 쓰기(1점), 집에서 아이들과 최대한 놀아주기(1점), 아내에게 무한한 사랑 주기(1점), 개인 이름이 들어간 책 내기(1점), 아이들 꼬마 작가 만들기(1점), 부모님 독서모임 만들기(1점), 교사 독서 네트워크 조직하기(1점) 등이다. 100점을 모으기 위해 부지런히 더욱 부지런히 삶을 즐긴다. 이제 새로운 점수를 얻으러 갈 시간이다.

각자의 삶에서 가치 있는 승진을 만들기 바란다. 그것이 가슴 뛰는 삶을 가져올 것이라 확신한다.

## 3
## 교사도 꿈을 꾼다

"나는 일본 재판소에서 재판받을 의무가 없다. 나는 의병군 참모총장으로 독립전쟁을 하는 중이며, 그 일환으로 이토를 죽였다. 따라서 나는 형사범이 아니라 전쟁 포로다. 장부가 세상에 태어나 큰 뜻을 품었으니 죽어도 그 뜻을 잊지 말자. 하늘에 대고 맹세해본다. 하늘이시여 도와주소서, 우리 꿈 이루도록. 하늘이시여 지켜주소서, 우리 뜻 이루도록. 장부의 뜻 이루도록!"

2015년 본교(평일초등학교)에서 운영하는 나의 꿈 발표대회에서 당시 초등학교 2학년이던 다립이가 군복을 입고 뮤지컬 〈영웅〉에 나온 한 부분을 노래하면서 자신의 꿈을 향해

힘차게 외쳤다. 작은 체구에서 느껴지는 꿈에 대한 열정에 나는 큰 감동을 받았다. 다립이의 멋진 발표를 보고 이것을 꼭 남기고 싶어 '생생하게 꿈꿀 수 있는 것은 무엇이든 이룰 수 있다'는 주제로 다립이와 영상 한 편을 제작했다. 〈생생하게 꿈을 잇(IT)는 다립이 이야기〉가 바로 그것이다. 촬영을 기획하면서 나에게 꿈이란 단어를 알려준 이지성의 《꿈꾸는 다락방》을 다시 꺼내 들었다.

"태양을 향해 던지는 창이 가장 높이 올라간다."

"꿈과 그 꿈을 이룰 수 있는 힘은 당신의 마음속에 있다."

"현재의 자신을 버리고 새로운 존재가 되어라. 당신은 현실에 치여 살기 위해서가 아니라 위대한 꿈을 이루기 위해 태어났다는 사실을 인정하라."

다시 꿈에 대한 강한 열정이 솟아올랐다. 영상의 마지막을 어떻게 장식할까 생각하다가 괴테의 글로 강한 여운을 남겼다.

"꿈을 품고 뭔가 할 수 있다면 그것을 시작하라. 새로운 일을 시작하는 용기 속에 당신의 천재성과 능력과 기적이 모두 숨어 있다."

꿈! 꿈! 꿈! 어느덧 꿈이라는 단어가 쉽게 다가오지 않는다. 고등학교 시절의 꿈은 좋은 대학교에 가는 것이었고, 교육대학교 시절에는 교사가 되는 것이 꿈이었으며, 교사가 된 뒤에는 꿈이란 단어는 왠지 사치스러운 것이 되었다. 나는 교사가 됨으로써 내 꿈은 모두 완성되었다고 착각하며 지난 32년 동안을 살아왔다.

그때는 전혀 몰랐다, 꿈을 꾼다는 것이 무엇인지를. 그것도 생생하게 꿈을 꾼다는 것을 말이다. 꿈꾸는 사람들의 진짜 삶을, 가슴 뛰는 삶을 전혀 알지도 듣지도 보지도 못했다. 현실에 충실한 내 모습에 만족하며 살고 있었다. 그것만으로도 나는 충분히 행복해하고 있었다. 그런데 꿈에 관한 책을 접하고 나니 내 삶은 전혀 꿈을 꿔본 적이 없는 것이었음을 알게 되었다. 책 속에서 만났던 그들의 모습과 나는 너무 달랐다. 일어나면서부터 잠들기까지 모두 다 그랬다. 심지어는 꿈을 꾸는 시간조차 그들은 꿈에 완전히 미쳐 있었다.

'나에게 꿈이 있는가? 있다면 어떻게 찾을 것인가?'

나에게 수도 없이 물음표를 던지고 또 던졌다. 그와 동시에 책들을 더욱 파고들었다. 《나를 버리다》《하나님 대사》《폰더씨의 위대한 하루》《꽃으로도 때리지 마라》《시련은 있어도 실패는 없다》《하늘 호수로 떠난 여행》《누가 내 치즈를 옮겼을까》《영혼을 위한 닭고기 스프》《성공하는 한국인의 7가지 습관》 등 다양한 책들을 읽으면서 서서히 윤곽이 그려지기 시작했다. 그리고 두 가지 결론에 도달했다. 하나는 내가 그동안 꿈을 꿔본 적이 없다는 것, 다른 하나는 그것을 인정한 순간 변화를 갈망한다는 것이었다. 파울로 코엘료의 《연금술사》를 읽다가 잠시 이 문구에서 생각에 잠겼다.

"자네가 뭔가를 간절히 원할 때 온 우주는 자네의 소망이 실현되도록 도와준다네."

나는 바로 눈을 감고 나에게 간절한 꿈이 무엇인지에 집중했다. 집중한 결과 발견한 놀라운 사실은 바로 나에게 간절함이 없다는 것이었다. 간절함이란 무엇인가에 대한 정의를 내리는 것조차 힘겨웠다. 간절함이 없으니 꿈이 있을 리가 없었다. 그냥 현실에 발맞춰 살아가다 보니 사회적 성공에 맞춰 부단히 다람쥐 쳇바퀴같이 열심히 살 뿐이었다. 그랬다. 당시의 나는 그렇게 살고 있었다. 내 주변에 있는 동료교사들도 나와 비슷한 이들이었다. 꿈이라는 글자를 찾기 위해 만나는 교사들마다 묻고 또 물었다. 돌아오는 대답은 '모른다'는 것, 더 심하게는 '알고 싶지도 알 필요도 없다는 것'이었다.

잠시 눈을 감고 질문에 답해보자. 나는 어떤 간절함이 있는가? 나에게 꿈이란 무엇인가? 5년 후의 나는 어떤 모습으로 어떻게 살고 있을 것 같은가?

교사는 꿈을 꾸는 것이 어려운 직업 중 하나다. 이유는 꿈이 필요 없기 때문이다. 꿈이란 것을 꾸지 않아도 살아갈 수 있기 때문이다. 아이러니하지 않나? 아니, 이게 말이 되는 정의인가? 꿈꾸기가 어려운 이유가 꿈이 필요 없기 때문이라는 사실이. 그러나 나는 인정할 수밖에 없었다. 내가 그동안 살아온 삶이 바로 그러했기 때문이다.

군입대 시절 화생방 훈련을 잊을 수가 없다. 예전에 그와 관련된 글을 쓴 적이 있다.

"사관후보생 유격장에서 경험했던 화생방 훈련을 통해 저는 가장 중요한 사실을 깨닫게 되었습니다. 바로 숨 쉴 수 있다는 것에 대한 감사함입니다. 절차는 이랬습니다. 방독면을 착용하지 않은 상태에서 손을 벌리고 줄을 서 입장합니다. CS탄을 정말 많이 터트려서인지 앞이 보이지 않을 정도였습니다. 아니 볼 수도 없었지요. 문을 들어가자마자 눈이 따가웠고 심장은 빨리 뛰었으며 숨이 가빠지면서 가스가 온몸을 타고 들어오는 것 같았습니다.

최대한 숨을 오래 참는 것이 관건이라는 한 동기생의 말에 숨을 꾹 참고 있었지만 가스가 한 번 흡입되자마자 기침과 함께 꺽꺽 거리며 숨을 쉴 수 없는 고통이 계속되었습니다. 조교는 능수능란했습니다. 팔 벌려 뛰기, 어깨동무하고 앉았다 일어서기 등 더욱 숨가쁘게 해서 최악의 상황으로 우리를 몰고 갔습니다.

그때 조교의 한마디가 들렸습니다. "방독면 착용!"

초스피드로 방독면을 착용하자 '이제 살았구나!'라는 생각이 들었습니다. 훈련을 마치고 방독면을 벗으니 세상이 달라 보였습니다. 얼굴은 눈물과 콧물, 침이 뒤섞여 볼품없었지만 이 공기에 대한 감사만은 온몸으로 받아냈습니다. 그때의 기분이 아직도 생생하게 느껴집니다. 그 후로도 몇 번 야전에서 유격을 경험하여 화생방 훈련을 했지만 그때는 사전 경험이 있었기에 아주 무난하게 잘 넘겼습니다."

숨을 쉴 수 있는 그 순간의 감사함이란! 당시 나는 숨을 쉬기 위한 간절함으로 가득했고, 그것이 이뤄지자 무한한 감사함이 물밀 듯이 몰려왔다. 갑자기 군대 이야기가 무슨 관계가 있냐고 반문할 수도 있겠지만 화생방 훈련은 꿈과 밀접하다. 내가 꿈에 대한 간절함을 모를 때는 그 소중함을 전혀 알 수 없었다. 숨을 쉬어야 하는 간절함이 나에게 공기의 소중함을 알려줬듯이 삶의 변화에 대한 간절함은 나에게 꿈이란 글자를 가슴속 깊이 새길 수 있게 해준 것이다.

《행복한 진로교육 멘토링》에서 김성효 선생님은 교사가 먼저 꿈꾸기를 주문한다. 그것이 가장 중요한 진로교육의 첫걸음인 것을 알기에 강의 때마다 강조한다.

중국 소설가인 위화의 《형제》 중에 이런 말이 나온다.

"꿈은 모든 사람의 삶에 꼭 필요한 재산이며 최후의 희망이다. 설사 가진 것이 아무것도 없더라도 꿈이 있다면 어떤 일이라도 다시 시작할 수 있다."

교사인 내가 먼저 이런 마인드로 삶을 바라볼 때 아이들의 마음에도 작은 꿈의 씨앗이 담길 것이다. 그 무엇보다 먼저 '꿈에 대한 간절함'이라는 씨앗이 우리 모두에게 필요하다.

# 4

## 갈매기의 꿈, 아포르투나다의 날갯짓

"아포르투나다, 너는 틀림없이 날 수 있어. 숨을 크게 쉬어라. 빗물을 몸으로 느껴봐. 그냥 물이란다. 너는 살아가면서 많은 것 때문에 행복을 느낄 거야. 어떤 때는 물이라고 하는 것이, 어떤 때는 바람이라는 것이, 또 어떤 때는 태양이라고 부르는 것이 바로 그런 것들이란다. 그런데 이 모든 것은 비가 내린 다음에 찾아오는 것들이지. 일종의 보상처럼 말이야. 그러니 자, 이제 비를 온몸으로 느껴봐. 날개를 쫙 펴고서 말이지."

위 장면은 고양이가 갈매기에게 나는 법을 가르쳐주고 있는 장면이다. 갈매기가 갈매기를 가르쳐주면 좋으련만 어미 갈매기가 죽어서 어린 갈매기를 키운 것은 '소르바스'라는 고양이었다. 고양이는 갈매기에게 '행운아'라는 뜻을 가진 '아포르투나다'라는 이름을 지어줬고, 스스로 살아갈 힘을 주기 위해 나는 방법을 알려준다. 5학년 국어시간에 《갈매기에게 나는 법을 가르쳐 준 고양이》 이야기를 친구들과 함께 읽으면서 많은 감동을 받았다. 우리는 한 인물을 정하여 그에게 편지를 쓰기로 했다.

"켕가의 알을 품어준 소르바스. 넌 너무 착한 것 같아. 다른 동물에게 사랑을 준 소르바스. 자기 자식도 아니지만 늘 아끼며 사랑해준 소르바스. 넌 정말 최고야! 나도 너 같은 마음을 갖고 싶어. 언제나 그런 좋은 마음으로 지내길 바라! 넌 정말 최고의 고양이야! 늘 응원할게."

"아포르투나다! 나는 너의 용기와 실천에 정말 감동했어. 너도 처음에는 나는 것이 무섭고 싫었잖아. 그런데 결국 넌 날았어. 두려움이 있었지만 그것을 극복하는 장면에서 나를 돌아보게 되었어. 어떤 어려움이 생기면 그것을 극복하려고 노력하기보다 불평과 투정을 일삼았던 내 모습을 보게 되었어. 이제는 나도 너처럼 도전 정신을 가지고 어려움이 오면 꼭 극복할 테니 기대해! 고마워, 이런 마음을 느끼게 해줘서."

아이들은 각자의 삶에 영향을 준 인물들에게 편지를 썼다. 우리는 이 이야기를 통해 한 개의 키워드를 발견할 수 있었다. '변화'

프랑스의 작가이자 사상가인 장 폴 사르트르는 유명한 말을 남겼다. 인생은 B(Birth, 태어남)와 D(Death, 죽음) 사이에 C(Choice, 선택)라는 것이다. 태어남과 죽음 사이에 있는 수많은 선택으로 삶이 만들어진다고 이야기한다. 나는 여기에 덧붙여 도전(Challenge)과 변화(Change)가 떠올랐다. 우리의 삶은 선택과 도전에 의해 변화된다. 이 세 가지의 주체는 반드시 '나'가 되어야 한다. 나라는 사람의 의지가 없이는 선택도 도전도 변화도 무의미하기 때문이다.

요즘은 교사나 학생, 학부모 모두 교육 트렌드에 빠져 있다. 정부 정책이 바뀌면 수시로 바뀌는 것이 교육 테마다. 지난 교육의 흐름을 보면 열린 교육이다 뭐다 해서 교실 문을 없앤 것은 물론 협동학습, 토의토론 수업, 배움 중심 수업, 스마트 교육, 거꾸로 교실, 프로젝트 학습 등 해가 바뀌는 것이 무서울 정도로 쉴 새 없이 쏟아져 나온다. 이제는 소프트웨어, 온 작품 읽기 교육에까지 힘을 쓰고 있다.

물론 이 교육 방법들 모두 가치가 있으며 모두 중요하다. 그런데 자세히 들여다보면 하나같이 기술적인 것들이다. 나무로 치면 가지 하나에 불과하다. 정작 중요한 뿌리가 튼튼해야 하는데 뿌리에는 힘이 없다. 교실에서 힘을 내야 할 가장 중요한 사람은 교사 자신임에도 불구하고 뿌리 없이 그저 가지 덧붙이기에 바쁘다. 그래서 쉽게 흔들린다. 새로운 교육 트렌드가 나오면 있던 가지를 치고, 덧붙이기에 바빠서 뿌리를 내릴 힘도 여유도 없다. 견고히 뿌리 내리기 위해 교육부에서 교육청에서 사설 연수원에서 교사들에게 연수의 기회를 수없이 제공하지만 그 역시 하나의 프로그램에 불과하기에 새로운 가지를 붙이는 격이 된다.

블로그를 운영하다 보니 수많은 다양한 사람들을 만날 기회가 있다. 그중 기억에 남는 게 닉네임 '킴스 서유당'이라는 블로거다. 아빠, 엄마, 자녀 셋까지 다섯 식구가 2년간 세계여행을 하고 귀국했는데 그 모습이 내가 꿈꿔오던 가족의 모습이라서 그녀의 글을 자주 본다. 어느 날 블로그에서 그녀는 이런 말을 했다.

"수많은 프로그램, 프로젝트를 저에게 추천해주었지만 전 생각합니다. 묵묵히 자기 스스로 깨달아가지 않는다면 그 어떤 프로그램의 도움을 받는다 해도, 결국 또다시 누군가의 도움이 필요해지고 다른 프로그램이 필요해져서 죽을 때까지 타인이 내가 누구인지를 깨우쳐줘야 정신을 차리게 될 거라고. 속된 말로 약발 떨어지면 자기가 누구였는지 기억이 안 나는 거죠. 그래서 다시 프로그램을 찾아가고."

그녀의 말에 나는 머리를 한 대 맞은 기분이었다. 나 역시 그런 사람에 속했기에. 그런 생각을 한 후 교사들의 연수를 차근차근 들여다보게 되었다. 이 수많은 연수가 흔들리지 않는 뿌리를 내리는 데 어떤 도움을 주고 있는가! 참으로 나를 돌아보게 하는 한마디였다.

나는 그 뒤로 나만의 뿌리를 확고히 하기 위해 더욱 처절하게 책에 매달렸다. 서서히 뿌리가 심어짐이 느껴진다. 그렇게 5년이라는 세월이 흐른 뒤 수업 기술을 적용하기 시작하자 마구 흡수되는 느낌이 들었다. '아! 이것이구나!' 이런 느낌이다. 진정한 교육을 하는 느낌을 이제야 받는구나 싶다. 전에는 뭔가 제대로 맞물리지 않는 나사처럼 쉽게 조여지지 않던 교실의 모습이 어느덧 서서히 자리 잡아가는 것을 느낀다. 나는 서서히 아포르투나다의 날갯짓을 하고 있고, 어항에만 머물던 인생이 수족관으로 강물로 서서히 나아가고 있으며, 새로운 교육적 트렌드에 맹목적으로 따라가기보다 그것을 내 것으로 내 색깔로 변형시켜 나만의 가지를 풍성히 할 수 있게 되었다.

내가 이렇게 교육적 기쁨을 느끼니 당연히 그 에너지가 우리 반 아이들에게 전이된다. 그동안 어항 속에 있던 아이들 역시 이제는 넓은 강물에서 함께 헤엄친다. 《논어》 읽기, 감사노트 작성하기, 시 짓기, 꼬마작가 만들기, 핵심습관 만들기 프로젝트, 두레 동아리, 밀알이야기 프로젝트, 잠재력 끌어내기 프로젝트 등 수많은 교육 시도를 통해 나는 아이들과 함께 날마다 성장하고 있다. 변화에 도전하라! 숨겨 있는 날개를 활짝 펼치고 비상하자. 우리는 이미 날개를 품고 있으니 그것이 거기에 있다는 것을 발견하는 것만으로도 충분하다!

"인간은 태어날 때 대리석과 그것을 연마하는 데 필요한 도구를 갖고 태어난다. 일생 동안 그것을 다듬지 않고 끌고 다닐 수도 있고, 자갈로 만들 수도 있으며, 혹은 하나의 멋진 조각으로 만들 수도 있다."

– 리처드 바크, 《갈매기의 꿈》 중에서

## 5
# 교사의 네트워크: 멀리 가려면 함께 가라

"안녕하세요. 올해 새로 온 교사 김진수입니다. 여러분을 만나서 반갑고 설렙니다. 인디언 속담에 이런 말이 있습니다. '빨리 가려면 혼자 가고, 멀리 가려면 함께 가라.' 저는 여러분과 긴 호흡으로 함께 성장하기를 꿈꾸고 있습니다. 단기간에 어떤 성과를 내기보다는 1년의 과정 속에서 피어나는 보물을 발견하고 싶습니다. 함께할 수 있음에 감사합니다."

2015년 평일초에 와서 아이들에게 방송으로 첫인사를 했다. 나보다 경력이 많은 교사가 있었지만 교감선생님의 권유로 전입교사 대표로 인사하게 되었다. 어떤 말을 할까 고민하다 인디언 속담이 생각났다. 당시 나는 이 속담에 깊은 감동을 받고 있었다. 삶으로 진하게 느껴졌기 때문이다.

이 글을 쓰는 지금, 나는 11개의 그룹과 함께 가고 있다.

DID 패밀리(송수용 작가)

미라클모닝 밴드(김미경 작가)

작은 수업 친구(동료교사)

대한민국독서밴드 _ 책글사(강건 작가)

하루하루, 마음글 필사(글꽃문화연구소 소장, 정선영)

한국미라클모닝 카페(엄남미 작가)

책만 읽는 엄마, 아빠 이야기 카페(들꽃맘)

어머님과 함께하는 독서 모임 _ 책.바.침(책에 나를 바치다)

로고 독서교육연구회(김성현, 이재풍 선생님)

리딩으로 리드하라(경기도교사 독서교육연구회)

행복교실 10기(정유진 선생님의 사람과 교육 연구소)

# 1. DID 패밀리(송수용 작가)

방학을 맞이해도 나는 여전히 새벽에 일어나 필사를 하고, 그와 관련된 생각을 정리하여 글을 쓰고 있다.

"눈을 뜨고 새로운 하루를 맞이하는 순간, 아직 움직이기도 전에, 그 어떤 것도 하기 전에 '감사합니다'라고 마법의 주문을 걸어라. 당신이 살아 있어서, 당신에게 또 하루가 주어져서 감사하다고 말하라. 당신의 삶은 선물이다. 하루하루가 선물이다. 정말로 이 사실에 대해 생각해본다면 우리가 잠에서 깨어 또 하루가 주어진 것을 감사하지 않는다는 것은 생각조차 할 수 없는 일이다."

론다 번의 《The Magic》을 한 자 한 자 꾹꾹 눌러 쓰면서 감사로 하루를 시작한다. 나는 새벽에 눈을 뜨면 '감사합니다'라는 고백과 함께 자리에서 일어난 후 욕실로 가서 바로 머리를 감곤 한다. 보통은 아이들이 자는 시간인 밤 9~11시에 취침하고, 3~4시간 잔 뒤 눈이 떠지면 그냥 일어난다. 예전에는 그 정도 잠으로는 하루가 피곤했는데 어느 날부터는 일상에 전혀 이상이 없을 정도로 아주 상쾌하다.

2017년 3월 19일 나의 첫 미라클 모닝 필사가 시작이 되었다. 송수용 DID 대표가 운영하는 단체 카톡에 노정화 작가가 100일 동안 새벽에 필사하여 올리는 것을 보고 대단하다는 생각이 들었고, 나 역시 저런 열정을 본받고 싶다는 간절함이 있었다.

당시 나는 삶에 두려움을 가지고 있을 때라 지푸라기라도 잡는 심정으로 그때부터 미라클 모닝과 필사를 했다. 첫날 새벽 3시 10분, 당시는 조성희의 《뜨겁게 나를 응원한다》를 필사하고 짧은 생각과 다짐으로 하루를 맞이했다.

이것만으로도 감사한 하루였다. 한 달이 지나자 서서히 삶에 자신감이 생겼고, 하루를 감사함으로 맞이하게 되었다. 하루를 정말 알차게 시작하는 기분이 들어서인지 직장에서도 서서히 능률이 오르는 느낌이 들었다. 반환점을 도는 50일이 지나니 거기에 '글쓰기'가 덧붙었다. 그래서 '미라클 모닝 + 필사 + 글쓰기'로 하루를 시작하는 나만의 공식이 만들어졌다. 처음에는 그저 두려움을 없애기 위해 시작했던 미라클 모닝이 지금은 삶을 더욱 풍요롭게 하는 원천이 되고 있다.

## 2. 미라클모닝 밴드(김미경 작가)

《성장하는 엄마 꿈이 있는 여자》의 저자인 김미경 작가가 운영하고 있다. 800명 남짓한 사람들이 4시 전후부터 서로에게 힘이 되는 문구로 아침인사를 한다. 할 엘로드의 《미라클 모닝》에서 제시하고 있는 6가지 루틴(침묵, 독서, 다짐, 상상, 일기, 운동)을 통한 삶의 긍정적 변화를 함께 나누고 있다. 이곳에는 다양한 직업군의 사람들이 있으며, 서로에게 도전과 열정을 심어주는 삶의 동행자들이다. 오프라인으로도 확대하여 성인들을 위한 자기계발 특강을 마련하고 한자리에 모여 좋은 나눔을 실천한다. 이 분과는 2016년부터 인연을 맺고 있는데 그 열정과 비전을 더 깊이 알고 싶어 인터뷰도 했다. 자세한 내용은 '교사성장톡! Talk? 꿈꾸는 일에 다리를 놓다(김미경 선생님)' 편을 참고하기 바란다.

## 3. 작은 수업 친구(동료교사)

김태현 선생님의《교사, 수업에서 나를 만나다》를 통해 수업 성찰, 수업 친구 만들기 등 교사로서 고민해야 할 부분을 알게 되었고, 실천을 위해 교내 '작은 수업 친구'를 만들었다. 학급경영부터 수업 관련, 독서 등 교사로서 함께하고 싶은 분야에 대해 매월 1회 모여 함께 성장하고 있다.

처음에 모이면 지난 달 각자의 삶에 대해 키워드 3가지를 작성하여 이야기를 나눈다. 한없이 이야기하는 모습을 보며 그저 들어주는 통로가 많은 것도 좋겠다는 생각이 들었다. 이후 선정도서에 대한 독서토론을 할 때도 삶의 성찰을 이끈 이야기들이 많이 나온다. 믿어질지 모르겠지만 오후 5시에 시작해서 저녁 8시 30분까지 화장실을 가기 위해 자리를 뜨는 사람도 없고, 쉬는 시간을 달라고 말하는 사람도 없을 정도로 열띤 나눔의 장이 펼쳐진다.

소비적인 이야기보다는 생산적인 이야기들이기에 시간을 끊지 않고 경청하니 한 선생님은 1시간 30분이나 이야기를 하셨다. 내면의 아픔이 느껴지는 이야기였기에 끊지 않았다. 그냥 그 자리에서 다 토해내어 새로운 가치들로 채우기를 바랐기 때문이다. 비우고 채우는 시간이다. 앞으로도 삶을 찾아가고 잃어버린 자아를 발견하며, 그 에너지로 학급을 살리는 모임으로 나아가도록 함께 더욱 힘쓸 것이다.

"너무 즐거운 시간이었습니다. 그리고 도전의 의지도 다지는 유익한 시간이었습니다. 소크라테스의 말처럼 지금 남의 책을 많이 읽으려

갑니다."

"제가 실천하고 있다는 것을 칭찬받는 것 같아서 더 좋았습니다. 선생님들께서 앞으로 나갈 길을 함께 만들어가 주셔서 더욱 추진할 힘이 생겼습니다."

시작은 작았으나 우리의 마음은 그 어느 때보다도 크게 울린다.


## 4. 대한민국독서밴드, 책글사(책과 글을 사랑하는 모임, 강건 작가)

책을 사랑하고 글쓰기를 사랑하고 그래서 책과 글로 소통하고 일두독론(일주일에 두 권의 책을 읽고 서로 토론하는 것) 국민독서운동을 하고 있는 모임이다. 이곳에서 다양한 삶들의 이야기를 통해 나는 매일 조금씩 더 성장하고 있음을 느낀다. 더욱 책을 사랑하게 되었다. 더욱 글쓰기를 사랑하게 되었다. 더욱 나를 사랑하게 되었다. 더욱 사람을 사랑하게 되었다.

## 5. 하루하루, 마음글 필사(글꽃문화연구소 소장, 정선영)

밴드가 개설된 초기부터 함께한 곳이다. 글꽃문화연구소 정선영 소장은 우리 반 친구들을 위해 재능기부 수업도 해주시는 등 소중한 인연을 이어가고 있다. 다른 분들의 필사의 삶이 하나로 이어져 내 마음을 더욱 들여다보게 한다. 삶이 대추 한 알처럼 서서히 익어가는 느낌이다. 종이 위에 삶의 무게를 하나씩 적어가고 있다. 하루하루 마음으로 글을 새기고 있다.


## 6. 한국미라클모닝 카페(엄남미 작가)

미라클 모닝을 하면서 새벽을 깨우고 있는 곳을 찾던 중《톡톡 튀는 아내의 비밀》의 저자 엄남미 작가가 운영하는 카페를 알게 되었다. 대단한 열정이 살아 숨 쉬는 곳이었고, 매 순간을 기적으로 사는 사람들의 글과 사진, 이야기로 내 삶 또한 기적을 체험하고 있다. 뉴욕에서 함께 소통하는 분도 있을 정도로 우리는 기적의 모임을 새벽부터 이어간다. 덕분에 새벽 3시에 일어나는 기적을 체험 중이다.

## 7. 책만 읽는 엄마, 아빠 이야기 카페(정선애 작가)

　《진짜 엄마 준비》의 저자인 정선애 작가와 함께 운영하고 있는 카페다. 이곳을 운영하는 목적은 단 하나다. 힘들어하는 엄마, 아빠의 숨은 잠재력을 일깨워주는 것. 꿈, 육아, 감사, 책, 독서, 필사라는 키워드를 중심으로 우리만의 삶을 만들어가고 있다. 함께 비전을 품으며 비전 공동체를 이뤄가는 중이다.

## 8. 책.바.침(책에 나를 바치다) 어머니 독서모임

본교에서 진행한 독서 특강이 시작이었다. 20여 명의 어머님들과 함께 《독서천재가 된 홍대리》를 기준 삼아 단계별로 진행하고 있다. 1단계인 100일 동안 33권 읽기 프로젝트를 시작으로 1년간 자기 관심분야 100권 읽기에 도전 중이다. 거의 대부분의 부모님들께서 그동안 책을 많이 읽지 않았던 분들이기에 감동은 더 크다. 함께 오랫동안 가기 위해 한 달에 한 번 오프모임도 진행한다. 이 글을 쓰고 있는 지금은 함께한 지 100일이 훌쩍 지나 1년이 코앞이다. 진심으로 멀리 오랫동안 함께 가고 싶은 모임이다. 그 어느 때보다 설렘 가득한 하루를 보내고 있다는 고백에 감사한 마음이 넘친다.

"책을 보니 슬기로운 생활이란 배우지 않으면 안 되는 거였어요. 제게 보석 같은 책이 될 것 같아요."

"책을 읽으면서 점점 '나'에 대한 것으로 삶의 초점이 맞춰지고 있다. 이 또한 작은 변화다. 육아와 살림에 지쳐 늘 우울하고 신경질적이고 무기력하고 계획적이지 못한 시간관리로 무의미하게 보냈던 지난 9년을 반성하며 나를 사랑하고 이해하고 타인의 시선을 의식하지 않고 남과 비교하지 않는 삶을 살아보기로 했다. 앞으로 읽어봐야 할 책들이 많다. 어떤 녀석부터 만나줘야 할지 설렌다. 오늘 모임의 여운이 계속 남아 잠이 안 온다."- 오현옥 님

## 9. 로고 독서교육 연구회

김성현, 이재풍 선생님을 주축으로 하여 독서교육 콘텐츠를 만들기 위해 30여 명의 선생님들이 모였다. 그림책 전문가, 지역사회 문화 연결 전문가, 온 작품 읽기 전문가 등 독서가 뻗어나갈 다양한 요소를 분석하여 교육적으로 곳곳에 전개될 다양한 길들을 모색하고 있다.

## 10. 리딩으로 리드하라(경기도 교사 독서교육연구회)

독서를 통해 삶을 찾고 찾은 삶을 통해 교육을 발견하기 위해 많은 선생님들과 함께 가고 있다. 가장 중요한 자신의 삶의 에너지를 독서와 글쓰기를 통해 확실히 뿌리내리고, 책을 읽고 실천으로 연결하여 수업의 혁신, 학급운영의 혁신을 이끌어내기 위해 집단 지성의 힘을 발휘하고 있다.

"《독서 천재가 된 홍대리》를 읽고 자극받아 100일 33권 프로젝트를 시작했고, 1/3분기가 지나기까지 11권의 도서를 완독했습니다. 매일 독서해야 한다는 부담만 있었을 뿐 결국 한 달에 한 권도 못 읽던 저로서는 엄청난 일이네요. 책 읽는 시간이 즐거워졌어요."

한 선생님의 고백에서 강한 에너지가 느껴진다.

## 11. 행복교실 (사람과 교육 연구소)

정유진 선생님은 2003년부터 공부 모임을 하면서 많은 선생님과 함께 고민한 결과 학급운영시스템에 대한 다양한 체계를 만들었다. 실천교육학인 '지니쌤의 행복교육학'을 함께 배우고 익히면서 선생님들 각자가 자신만의 실천교육학을 만들 수 있도록 도와주고 있다. 나는 안성 행복교실에서 김혜영, 황상숙 강사 선생님을 주축으로 2주에 한 번씩 만남을 통해 지속적으로 행복한 교육을 실천하고 있다.

예전에 나는 혼자서 빨리 가면서 쉽게 지쳤다면 지금은 이렇게 많은 분들과 함께 에너지를 서로 나누며 가고 있다. 때로는 걷다가, 때로는 쉬다가, 때로는 뛰기도 하면서 이젠 뒷걸음질치지 않을 것이다. 이들과 함께하니 말이다. 링컨의 말이 떠오른다.

"나는 천천히 걷지만 절대로 뒷걸음질치지는 않는다."

"나는 계속 나를 배우면서 나를 갖추어 나간다. 언젠가는 나에게도 기회가 찾아올 것이다."

1년 뒤 5년 뒤 10년 뒤가 더욱 기대되는 우리 모두의 하루하루다.

## 6

# 가슴 뛰는 삶: 죽음의 코스 vs 삶의 코스

　　마라톤을 하다가 41.195킬로미터 지점에 다다를 쯤이면 숨이 막혀 더는 달릴 수 없는 극한 상황이 온다고 한다. 마라톤 용어로 데드 포인트(Dead Point)! 이 데드 포인트를 극복하는 것이 마라톤 선수에게는 매우 중요하다. 그것을 넘겨야 이후에 찾아오는 리빙 포인트(Living Point)를 맞이할 수 있으니까. 아직 인생의 반도 살지 않았지만 많은 경험을 했다. 부모님의 이혼부터 자살 위기까지 숨이 막히는 데드 포인트를 경험할 때마다 포기하고 싶은 마음이 들었지만 그럴 수 없었다. 이겨낸 후 찾아오는 리빙 포인트의 삶을 반드시 만나야 했기 때문이다.

　　사관후보생 시절 육군 3사관 학교에서 4개월간 장교 훈련을 받았다. 간혹 야간 점호 상태 불량 및 다양한 이유로 기합을 받곤 했다. 지나고 나면 즐거운 추억이 될 것을 알기에 나는 그런 상황이 오히려 재미 있었다. 한번은 복도에서 앉았다 일어나기를 반복하는데 생각보다 힘이 들었다. 무념무상의 상태를 유지하면서 하나 둘 하고 있는데 앞에 있는 한 동기생이 이런 말을 했다. "피할 수 없으면 즐겨라!" 그 동기는 앉을 때 '피할 수 없으면' 일어날 때 '즐겨라'를 계속 반복해서 외쳤는데, 나는 그 말을 그때 처음 들었다. '멋지다! 나도 저런 자세로 인생을 즐겨야겠다' 싶었다.

육체적으로 제일 힘들었던 때를 돌이켜보면 장교 후보생 시절 2주차 유격 상황이 떠오른다. 1주 차에는 화생방, 각개전투 등 다양한 군사 훈련을 했고, 2주 차에는 생존을 위한 야간행군을 했다. 8~10명 정도의 인원으로 구성된 분대별로 움직였는데 당시 잠을 2~3시간만 잤다. 동트는 새벽에 잠깐 자고 일어나 아침을 먹고 다양한 훈련을 소화한 후 야간에는 계속 걸어 목표 지점까지 가는 활동이었다. 당시 비가 내렸기 때문에 우의를 착용하고 걷고 또 걸었다. 산비탈을 올라가는데 누구랄 것 없이 모두 다 육체적 피로와 에너지 고갈로 너도 나도 신경이 예민해진 상태였다. 앞선 친구들은 뒤쪽이 잘 따라오지 못한다고 욕을 해댔고, 뒤쪽은 앞쪽이 너무 빨리 간다며 욕을 해댔다. 가다가 미끄러지기를 수십 번, 열이 바깥으로 잘 빠져나가지도 않는 우의에게까지 욕이 나올 지경이었다. 좀처럼 욕을 입에 담지 않던 나 역시 '씨×'이 계속 나왔다.

그러다가 문득 지난번에 들었던 문구 '피할 수 없으면 즐겨라'가 생각나서 어느 순간부터는 그것만 수백 번 읊으며 유격 2주 차를 무사히 마친 기억이 있다. 죽음을 넘나드는 데드 포인트까지는 아니었지만 힘든 과정을 이기니 리빙 포인트의 삶이 실감나던 그 순간이 아직도 새록 새록하다.

정신적으로 가장 힘들었던 시기는 최근에 겪었던 2016년 8월 말부터 2017년 3월까지의 8개월간이었다. 경제적 어려움과 교육적 어려움을 동시에 느끼면서 실체를 알 수 없는 두려움에 빠져있었다. 지금 생각해보면 그 누구도 압박을 가하지 않았는데 두려움이라는 환상에 사로잡혀 일어나지도 않을 걱정 아닌 걱정을 하고 있었던 것임을 고백한다. 부정에 부정을 연결하는 좋지 않은 상상을 통해 문제를 헤쳐 나가는 방법을 모색하기보다는 내가 그동안 열심히 산 증거가 고작 이런 결과인가 싶어 스스로 너무 초라하고 한심했다. 그렇다. 나는 나 자신에게 지고 있었던 것이다. 극복할 수 있는 이유를 찾기보다는 안 되는 이유만 찾고 있었다. 영화 〈행복을 찾아서〉의 실제 인물인 가드너가 "상황이 나빠지고 진정으로 포기하고 싶을 때가 바로 더욱더 추진력을 발휘해야 할 순간이다. 게임이란 역경이 닥치기 전에는 시작되지 않는 법이다. 나는 안 되는구나 생각하고 포기하고 싶을 때가 있다. 그때 지금 그 자리에서 다시 시작하라. 세상에서 가장 큰 선물은 자기 자신에게 기회를 주는 삶이다"라고 했지만 전혀 위로가 되지 않았다.

당시 너무나 간절히 이겨내고 싶어서 다른 이에게 기대기도 했었다. 학교에서 그나마 자주 이야기를 나누던 한 부장 선생님을 찾아가 눈물을 보이며 '살고 싶다'는 말도 해보고, 보건소 정신 담당 상담가를 찾아 내 상태를 확인해보기도 했다. 당시가 기억난다. 우울증 척도를 체크하는 설문문항을 받았는데 50점이 넘는 내 상태를 직접 볼 수 있었다. 20점만 넘어도 전문의 상담이 필요한데 나는 그 두 배를 훌쩍 넘긴 것이다. 내 상태를 눈으로 보니 정말 한심하다는 생각이 들었다.

평소에 연락도 잘하지 못했던 친구들에게 한 명 두 명 전화나 문자를 보내기 시작했다. 어느 토요일, 갑자기 지인 두 명이 우리 집에 왔다. 황금 같은 토요일 가족들과 보내야 할 시간임에도 불구하고 나를 위해 안양과 시흥에서 이곳 평택까지 달려와준 내 벗들에게 진심으로 감사하다. 통화 속 음성과 대화 내용을 통해 내게 무슨 일이 생길 것 같다며 한걸음에 달려와준 두 남자! 절대 잊을 수 없을 것이다.

무슨 일을 해봐도 매일매일이 두렵고 심지어는 삶을 포기하고 싶다는 생각까지 들자 정신의학과를 내 발로 찾아갔다. 작은 실마리라도 찾고 싶었다. 이 두려움만 없앤다면 앞으로 정말 정신 차리고 제대로 살겠다는 다짐으로 이를 악물었다. 이런 저런 이야기를 풀어놓고 약을 처방받았다. 약을 먹으니 불안한 감정은 줄어들었지만 몸이 축 처지는 느낌이었다. 그때 알았다. 우울증 처방약이 이런 것이라는 것을.

매일 아침 뭉그적 뭉그적 죽상으로 일어났다. 출근하는 차 안에서 매일매일 울었다. 학교에서는 시체처럼 아무런 기운도 의욕도 없는 하루를 보냈고, 집에서도 그 모습 그대로 이어졌다. 자기 전에 이런 기도를 드렸다. '그냥 이대로 눈을 감고 싶습니다. 주님! 그것이 제일 깔끔하지 않을까요?' 나는 그렇게 데드 포인트를 지나고 있었던 것이다.

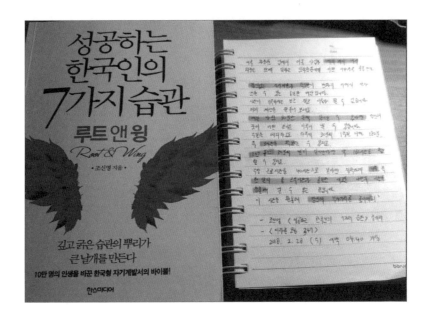

미라클 모닝을 만나면서 어느덧 지독한 어둠의 터널을 지나 서서히 밝은 빛이 보이기 시작했다. 두려움이 조금씩 사라진 것이다. 새 학년 아이들을 이런 두려움 가운데 만났지만 미라클 모닝에 필사를 겸하면서 내 두려움은 어느새 말끔히 사라지고 있었다. 드디어 리빙 포인트를 만나게 된 것이다. 그 이후의 삶은 완전히 다른 사람인 것만 같다. 지난 시절을 돌이켜보면 지옥과 천당을 경험한 기분이다. 리빙 포인트가 되니 새로 만나는 사람, 책, 자연 등 모든 것이 나에게 힘을 준다. 데일 카네기는 이런 나에게 이렇게 이야기한다.

"진수, 너는 이 길을 단 한 번만 지나갈 수 있을 뿐이다. 그러므로 다른 사람에게 좋은 일을 할 수 있거나 친절을 베풀 수 있다면 지금 바로 행하라. 이 길을 다시는 지나가지 못할 것이니 지체하거나 게을리하지 않기를 바란다."

그렇다. 내가 살아가는 이 순간은 앞으로 다시는 만나지 못할 순간이기에 데일 카네기처럼 지체하거나 게을리하지 않아야 한다. 지옥 같던 데드 포인트를 넘어 리빙 포인트의 삶을 살고 있기에 더욱 감사하다. 다시 한 번 감사하다. 또 다시 감사하다. 무한히 감사할 것이다.

# 교사의 성장은 몰입에서 시작된다

(김성현 선생님)

내 집에는 '보물지도'가 있다. 모치즈키 도시타가의 《보물지도》를 읽고 아내와 바로 그 자리에서 작업했다. 당시의 나로서는 절대로 이뤄질 수 없는 꿈 같았지만 지금은 차츰 한 걸음 한 걸음 전진하고 있음을 느낀다. 어제의 나보다 늘 한 걸음 나아간다는 생각으로 생활하니 어느덧 처음보다는 멀리온 것 같은 기분이 든다.

이 보물지도에 사진을 붙일 때 제일 처음으로 붙인 사람이 있다. 바로 《책 읽는 아이, 토론하는 우리 집》의 저자인 김성현 선생님이다. 그의 사진을 들고 '이 분을 한 번쯤 만나봤으면'하는 소망을 품고 사진을 붙였었다. 그때를 기점으로 채 2년도 되지 않아서 독서교육을 위해 서로 머리를 맞대로 있는 것을 보면 신기할 뿐이다. 《초등부모학교》를 통해 그의 부모관을 읽었다. 지금까지 보아온 그의 모습을 보면 삶으로 끊임없이 그것을 지키려고 노력하는 실천가다.

"부모력의 핵심은 바로 관심과 희생이요. 관심과 희생의 다른 말은 시간과 노력이다. 자녀에게 돈을 주는 것이 아니라 마음을 주는 것, 자녀와 충분히 소통하고 아이가 스스로 계획하고 실천하고 반성할 수 있도록 격려하는 것이야말로 부모의 진정한 역할이다.

자녀교육 관련 서적을 탐독하고, 상황별 대처 요령법을 숙지하라. 자녀교육에 관한 특강, 강의 캠프 등에 참가해 아이를 대하는 잘못된 태도와 언어를 고치는 데 시간과 노력을 기울여라. 자녀에게 문제가 생겨 힘들어하면 적절한 시기에 특효약을 건네줄 수 있는 전략과 구체적인 방법들, 그리고 부모가 해야 할 지침을 미리미리 터득하라. 자녀에게 아낌없이 시간과 노력을 투자하고 사랑하는 능력, 그것이 바로 부모력이다."

그의 부모력은 곧 교육력이 되어서 누구보다 멋진 선한 영향력을 행하고 있다. 내가 분석해온 위인 및 성공자의 필수조건인 관점의 변화를 거치면서 지금의 김성현 선생님이 된 것이다. 그의 저서를 통하여, 오프라인 만남을 통하여 알게 된 그의 생각을 들어본다.

⇨ **선생님을 한 단어로 표현한다면?**

'현장연구가'라는 단어가 저를 가장 잘 표현할 수 있는 것 같습니다. 수업을 준비하고 실행하고 이를 통해 얻게 된 혜안과 지식을 정리하는 역할을 하는 것입니다.

⇨ **삶의 키워드 세 가지, 그중 숙명의 키워드 한 가지를 꼽는다면?**

제 삶의 키워드는 '몰입, 행복, 열정'입니다. 이 가운데 숙명의 키워드는 단연 '몰입'입니다. 몸과 마음이 온전히 뭔가에 젖어드는 것을 경험하고 이를 통해 행복을 느낄 수 있다는 것을 즐깁니다. 미하이 칙센트 미하이 교수의 플로우(Flow)는 제 삶의 중심이 되는 단어입니다. 그래서 제 블로그 닉네임이 몰입과 교육이 만난 '플로우에듀(Flowedu)'인 것입니다.

⇨ **성장의 시점은?**

초등교육이 나의 진로임을 발견하고 교대에 들어갔습니다. 따라서 교대에서 배우는 수업 하나하나가 성장 요소가 되었고 자극이 되었습니다. 뒤늦게 배웠지만 진심으로 필요했기에 관련 책들을 읽어가며 즐겁게 공부했던 기억이 있습니다. 사립초등학교에서 10여 년간 있었고, 새로운 목표를 향해 공립초등학교로 들어가 새로운 성장을 꿈꾸고 있습니다.

⇨ **수업을 위한 선생님만의 조언이 있다면?**

저는 수업을 잘하고 싶습니다. 교사의 능력은 수업을 얼마나 잘 이끌어 가느냐로 판단된다고 생각하기 때문에 선배교사들의 좋은 수업 동영상을 분석하고, 제 수업을 스스로 모니터링했습니다. 그때마다 메모하며 시행착오를 줄이고자 노력했답니다. 즉 '계획-실천-반성-메모' 단계를 지속적으로 실천하고 있습니다.

⇨ **글은 주로 언제 쓰시나요?**

저는 지하철을 주로 활용했습니다. 출퇴근 시간의 지하철은 많은 글쓰기 소재와 영감을 주는 저만의 공간입니다. 분주함 속에서 차분히 저만의 글을 써내려갈 때 시간 가는 줄도 몰라요. 문장 하나의 마침표를 찍을 때마다 또 하나의 생각의 가치가 탄생되는 것 같아서 즐겁지요. 쓰기 힘든 상황에서는 글감을 놓치지 않기 위해 키워드만 적어 놨다가 나중에 키워드를 따라가면서 생각을 정리하곤 합니다.

⇨ **글을 쓰는 팁**(Tip) **이 있다면?**

저만의 데드라인을 정합니다. 어떤 주제로 글을 써야겠다고 다짐하면 그것이 완성되는 시기를 정해 반드시 그 안에 마치려고 하죠. 그러다 보니 긴장과 함께 설렘도 동반되어 생각나지 않거나 보이지 않던 글감들이 떠오를 때가 많습니다. 그때의 감정을 놓치지 않기 위해 메모하는 습관이 생겼습니다.

집 안에 있는 저만의 서재에는 다양한 자료들이 잘 구분되어 있습니다. 어린이, 청소년, 자기계발, 교육 등 다양한 챕터로 분류되어 있어 글을 쓸 때면 그 자료를 최대한 활용해 자료를 재생산하고자 노력하지요. 좋은 문장을 쓰기 위해 너무 애를 쓰면 그 자체가 고역이 될 수 있으니 편안한 마음으로 자신의 관찰과 느낌을 있는 그대로 이어갑니다. 첫발이 어렵지 두 번째, 세 번째 걸음은 쉽게 갈 수 있습니다.

⇨ **읽었던 책 중 가장 기억에 남는 한 권을 꼽는다면?**

유발 하라리의 《사피엔스》입니다. 과거 사회와 비교하여 현대를 살아가는 사람들이 더 행복하다고 단언할 수는 없다고 생각합니다. 사람들은 첨단 문명이 발전한 사회에 살고 있지만 행복에 대해서는 인색한 것 같다는 생각을 해봅니다. 의미 있는 삶을 사는 것이 가장 행복한 삶이 아닐까 하는 생각을 하게 된 책이었습니다.

⇨ **교사의 성장과 수업과의 관계를 비유하자면?**

교사의 성장과 수업은 동반자입니다. 함께 걸어가야 하며, 서로 밀고 당겨주며 협력해야 하는 관계라고 생각합니다. 질적 성장은 곧 질적인 수업을 가져오니 뗄 수 없는 관계라 여깁니다.

⇨ **앞으로의 비전이 있다면?**

학부모를 위한 책도 써보았고, 교사들을 위한 책도 써보았습니다. 그러나 학생들을 위한 책은 아직 없습니다. 따라서 학생들을 위한 동화를 쓰고 싶은 꿈이 있습니다. 동화작가 수업도 듣고, 나름 습작도 있지만 아직 걸음마 단계입니다. 하지만 꾸준히 그 꿈을 향해 가고 있습니다.

| 2부 |

# 교사의 성장이
# 교육의 미래다

## 1
# 나도 한때는 오락실에서 살았다

진일(가명)이가 이른 아침 지나가던 나를 세운다.

"진일아! 무슨 할 말 있니?"

"선생님께 꼭 이 말을 하고 싶었어요."

"뭔데?"

"선생님께서 위인들 이야기를 자주 하면서 그 사람들이 독서를 통해 그렇게 되었다고 말해주셨잖아요? 그 말을 듣다 보니 어느 순간부터 제 마음속에 있는 뭔가가 불타올랐어요."

진일이는 한부모 가정의 아이로 지난 학교에서 문제를 많이 일으켰다. 그래서 전학을 많이 다녔는데, 학기 초에 전학와서 3개월 동안 함께했을 때 이런 이야기를 했다.

처음에는 그에 대해 잘 몰랐다. 순간 욱하는 감정들을 간혹 표출했고, 자신의 감정을 주체하지 못할 정도로 분노했다. ADHD(주의력결핍 과다 행동장애) 판정을 받고 약을 먹는 아이였다. 사실 나는 ADHD는 없다고 생각한다. 궁금한 사람은 인젠리의 《좋은 엄마가 좋은 선생님을 이긴다 - 인성편》 254~285쪽을 참고하길 바란다. 그런 아이가 이런 고백을 했다고? 믿지 않을 수도 있지만 지금은 그 누구보다 열정적으로 살고 있는 훌륭한 친구다. 어느새 약도 끊었다.

"진일아! 약에게 지면 안 돼. 그 약은 선생님도 먹어봐서 알아. 절대로 너를 낫게 치료해주는 약이 아니야. ADHD는 병이 아니야. 그건 의사들이 만들어낸 허구일 뿐이야. 넌 병자가 아니잖아? 충분히 이겨낼 수 있어. 극복할 수만 있다면 너는 반드시 더 나은 사람이 될 거야. 기대해. 넌 지금도 충분히 잘하고 있고 앞으로는 더 잘할 거야. 자신을 믿어. 반드시 이겨내겠다는 확신을 갖고 주문을 계속 걸어. 난 할 수 있다. 난 할 수 있다. 난 할 수 있다."

그러던 진일이가 이런 고백을 하다니 눈시울이 붉어졌다. 자녀를 키우고, 아이들을 가르치면서 느낀 사실이 하나 있다면 내가 대신해줄 수 있는 게 거의 없다는 것이다. 나는 그저 아이들의 잠재력을 믿고 기다려주고 그것을 발견할 수 있도록 조력할 뿐이다. 내가 선물해줄 수 있는 것은 그들의 모습을 관찰하고, 그들이 이야기했을 때 경청하는 것과 반응하는 것뿐이다. 데일 카네기의 《카네기 인간 관계론》을 읽으며 깨달았다. 내가 해줄 수 있는 것은 단 한 가지뿐이라는 사실을.

"이 세상에서 누군가에게 어떤 일을 하게 하기 위해 할 수 있는 방법은 단 한 가지밖에 없다. 그것이 무엇인가를 생각해본 일이 있는

가? 그렇다. 단 한 가지뿐이다. 그것은 스스로 그 일을 원하도록 하는 것이다."

　　내 어린시절을 지금 돌이켜보면 혼탁했다. 문제아라고 말해도 딱히 반박하지 못할 정도다. 아침 8시에 집에서 출발하여 가는 곳은 학교가 아닌 오락실이었다. 그곳에서 1시간 정도 오락을 하고 9시에 빠른 뜀걸음으로 교실에 도착한다. 오후 2시 30분에 잽싸게 다시 오락실로 향하고 저녁 7시 30분까지 줄곧 게임만 한다. 초등학교 2학년부터 중학교 1학년까지 그랬다. 나는 정말 충분히 게임을 했고 충분히 놀았다. 원 없이 놀아봤기에 나중에 본격적인 공부를 시작하면서부터는 이런 생활에서 멀어지게 되었다. 자연스럽게 이런 삶보다 좀 더 가치 있는 것이 어떤 것인지를 발견했기에 가능한 일이었다.

　　어린 시절 나의 가치는 게임이었고, 나는 그 가치를 충분히 누림으로써 엉뚱한 자아효능감에 도취되어 있었다. 바로 이런 것이다. "게임에서 나만큼 잘하는 사람은 없다. 내가 최고다"라는 정말 엉뚱한 생각이었지만 당시 기억으로는 게임할 때만큼은 카타르시스를 느꼈던 것 같다.

　　요즘 아이들을 보면 정말 숨이 턱 막힌다. 전혀 틈이 없다. 놀 틈, 쉴 틈, 꿈꿀 틈이 없다. 그냥 바쁘다. 스케줄이 빡빡하게 짜여 있다. 학교수업을 마쳐도 방과후수업에, 학원에, 과외 등으로 가득 채워져 있다. 동시에 가장 중요한 요소 하나가 빠져 있다. 행복! 전혀 행복을 볼 수 없다. 공자는 배움을 강조하면서 《논어》를 통해 "배우고 때때로 그것을 익히면 즐겁지 아니한가?"라고 했는데 먼나라 이야기로 들린다.

이유를 곰곰이 생각해보면서 그들의 삶을 들여다보니 카네기가 말하는 '스스로 그 일을 원하는 것'이 빠져 있다는 것을 발견했다. 가장 중요한 핵심이 빠져 있으니 행복하지 않은 게 당연하다. 아이가 원하는 것과 부모가 원하는 것이 있을 때 어느 쪽에 손을 들어야 할까? 부모가 원하는 것이면서 말로는 아이의 미래를 위해서라며 억지로 끌고 간다. 아이의 표정은 전혀 기쁘지 않은데도 부모라는 이유로 억지웃음을 강요한다. 배움에 대한 억지웃음을 말이다. 《국가》에서 이야기한 플라톤의 말에 귀를 기울일 필요가 있다.

"아이를 강제로 가르치지 말게. 창조적인 사람이 되기 위해서는 어떤 과목도 억지로 배우면 안 되네. 억지로 배우는 것은 마음에 머물지 않고 금방 떠난다네."

## 2
# 아이들에게 기회를 줘라. 기회가 아이를 성장시킨다

내 경우 중학교 때부터 시작된 공부에 대한 열의가 지금은 초등학교, 심지어는 유치원, 유아 조기교육까지 내려온 것을 보면서 '이건 아니다'라는 생각이 들었다. 한번 생각해보자. 초등학교에서 시작된 '배움 폭력'(아이들이 원하지 않지만 부모의 강압으로 행해지는 것들)이 중학교, 고등학교를 거쳐 그 결과로 원하던 대학교에 들어갔다고 치자. '자! 이제 대학생이 되었으니 부모가 바라는 대로 자기만의 영역을 찾고 경계를 넓혀 진정한 자기 주도적인 학습을 할 수 있을 것이고, 세상의 빛과 소금이 되는 멋진 사람이 될 것이다'라고 기대하겠지만 그 친구의 진짜 속마음은 이럴 것이다. '아! 이제 지긋지긋한 공부에서 해방되었으니 내 세상이다. 이제 나는 내 인생을 마음껏 사는 거야. 술도 마시고, 담배도 피고, 이성 친구도 사귀고, 여행도 다니면서 진짜 자유롭게 살아야지.

교과서여, 이제 안녕. 수학·영어야, 이제 안녕. 그동안 나를 괴롭혔던 책들아, 진짜 빠이빠이다!'

너무 과하다고 생각하는 사람도 있겠지만 사실 이건 20살 때 내 속마음이다. 많은 친구들에게 물어봤지만 별반 다르지 않았다는 사실만 말해둔다. 결론은 하나다. 그들이 원하는 것(가치 있는 것)을 하게 하면 된다. 원하는 것을 하게 하기 위한 길을 찾으면 된다. 찾기 위해 부단히 보고 듣고 경험하게 하면 된다. 그런 것들은 사교육에서 찾을 수 없다. 경험을 통해 독서를 통해 사람을 통해 발견할 수 있는 가치 있는 것들이다.

아이에게 기회를 주자. 수많은 기회가 도사리고 있다. 생각의 기회, 성찰의 기회, 선택의 기회, 책임의 기회, 질문의 기회, 소망의 기회, 실패의 기회 등 이런 것들이 하나로 어우러져 인생의 방향을 결정하게 한다.

가장 적절한 시기는 '지금' 이 순간이다. 과연 어떤 삶이 가치 있는 삶인지를 자아에게 우리 아이들에게 묻고 되물어 충분한 기회를 제공해야 한다. 나는 이런 기회를 교실 속에서 부단히 제공하고 있다. 주로 질문을 통해서다. 질문은 스스로 선택할 수 있는 권리를 부여하는 특권을 제공한다. 뭔가를 꾸밀 때도 꾸미기를 좋아하는 친구와 싫어하는 친구는 대번 티가 난다. 그럴 때면 똑같은 학습 목표에 도달하기 위해 아이들에게 강요가 아닌 선택의 문제로 접근한다. 주로 하는 질문의 시작은 이것이다.

"네가 생각하는 것 이상으로 최선을 다했니?"

아이들은 이 질문을 받으면 잠시 멈칫한다. 그동안 지속적으로 양심을 강조했기에 쉽게 대답할 수 없기 때문이다.

"글씨를 좀 더 정성스럽게 써보면 어떨까? 어때? 할 수 있겠어? 선생님 생각에 너는 더 잘할 수 있는 능력자인 거 같은데."

지시나 강요 없이도 아이들은 웃으면서 잘 해온다. 때로는 엉성해도 괜찮다. 진짜로 정성을 다한 결과이기 때문이다.

매년 아이들과 10~30년 후 나의 모습을 상상하고 편지를 쓰는 시간을 갖는다. 생생하게 그림도 그리고, 앞으로 하고 싶은 버킷리스트도 작성한다. 기존에 이런 것들을 생각한 친구들은 알아서 척척 진도가 나가지만 그동안 생각해보지 않은 친구들은 펜만 돌리느라 함흥차사다. 지루한 기다림을 거쳐 완성한 순간 아이들의 표정은 더욱 밝아진다. 윤주의 이야기가 눈에 띈다. 가난한 사람을 돕는 삶, 조앤 롤링 만나기, 선한 삶을 살아감으로써 〈오프라 윈프리 쇼〉에 나가는 삶으로 이어진 멋진 여정이다. 세은이, 수빈이의 이야기도 만만찮다. 미래에 영어 선생님, 메이크업 아티스트가 되어 있을 모습에 벌써부터 가슴이 설렌다.

# 3

# 교사는 성장과 나눔을 즐긴다

"애들아! 너무 가까이는 따라오지 마!"

이른 아침부터 운동장이 시끌벅적하다. 우리학교는 '7560+운동'(미세먼지 규제가 강화되기전 아침 운동 프로그램) 일환으로 일주일에(7) 5일 동안(5) 하루 60분 운동(60)을 했었다. 당시에는 매일 아침마다 운동장이 아이들로 북적거렸다. 그런데 아이만 있는 게 아니다. 아이들보다 훌쩍 높이 어른도 보인다. 외발자전거를 타고 있는 이용경 선생님이다.

그는 대한민국 외발자전거 전국 랭킹 1위에 오른 적이 있다. 1위가 놀랍다기보다는 그다음 말이 더 놀랍다. 외발자전거를 탄 지 1년도 채 되지 않아서 이뤄낸 쾌거이기 때문이다. 교직원여행을 가서 몇 시간을 동행하며 그의 삶을 들여다보게 되었다. 외발자전거를 시작한 계기는 단순했다. 어느 연수를 갔다가 우연히 보게 되었고, 상당히 재미있을 것 같아 바로 시작했단다. 재미를 느끼자 전국 고수들을 찾아가 비법을 배웠다. 비법의 핵심은 고수와 함께 동행하면서 그를 따라잡으려고 모방하는 것이었다. 모방하다가 어느 순간 따라잡게 되면 또 다른 고수를 찾아가는 일이 반복되었고, 결국 전국 1등이라는 명예까지 거머쥐게 되었다.

그는 철저한 모방꾼이었고, 열정적인 사람이었다. 무엇보다 가장 감명 깊었던 것은 자신이 하는 일을 즐길 줄 안다는 점이다. 《논어》의 「옹야」 편에서 "뭔가를 안다는 것은 그것을 좋아하는 것만 못하고, 좋아하는 것은 즐기는 것만 못하다"는 공자의 말은 딱 그를 칭하는 것 같았다. 그는 안다는 것과 좋아한다는 것을 넘어, 즐길 줄 아는 사람이었기에 남들이 이해할 수 없을 정도로 빠르게 성장할 수 있었다.

그게 다가 아니다. 초임교사 시절부터 이야기를 들으니 풍물, 배드민턴, 교원대 파견 교사, 교육학(박사), 영상제작(유튜브)에 이르기까지 한두 달이 아니라 몇 년을 투자해야만 가능한 것들을 줄곧 이어오고 있었다. 그 어느 것 하나 만만히 볼 수 없는 과업을 달성할 수 있던 비결을 이렇게 이야기했다.

"진수 선생님, 인생을 즐겨요. 그리고 도전해요. 제가 시작하지 않았다면 과연 그런 일들을 할 수 있었을까요? 즐길 수 없었다면 그 일을 끝낼 수 있었을까요? 삶에 도전하고 즐길 줄 알아야 해요."

그 말을 듣고 '교사는 어떤 성장력을 갖고 있어야 하는가?'를 자문했다. 키워드 형식으로 나열해보고, 다시 그중 중요한 것 반을 추렸다. 또 반을, 다시 또 반을 추리고 추리니 결국 딱 세 가지 키워드가 내 앞에 놓여 있었다. 그때서야 나는 볼 수 있었다. 내가 생각하는 성장하는 교사란 어떤 사람인가를 말이다.

**하나, 성장하는 교사는 자신의 일을 즐길 줄 아는 사람이다**

나를 돌이켜보았다. 나는 과연 삶을 즐길 줄 아는 사람인가. 고등학생 시절 가정형편이 어려운 관계로 가족 간에 대화가 거의 단절된 적이 있었다. 나는 그 공간을 노래로 채우기 시작했다. 매일 집에 오면 이어폰을 끼고 공부하며, 이어폰을 끼고 책을 읽고, 이어폰을 낀 채 잠을 청했다. 때로는 이불을 뒤집어쓰고 노래 아닌 소리를 지르며 악전고투를 하던 나날이었다. 눈물로 뒤덮인 하루 일과 중 유일하게 나를 위로해준 것은 노래였다. 대학생이 되자 나는 마음껏 노래의 날개를 펼치고 싶어서 화음과 함께 기타 치며 노래하는 동아리에 들어갔다. 동아리 오디션에 합격한 후 콘서트 연습을 하는 하루하루가 내게는 행복 그 자체였다. 2학년이 되자 콘서트의 핵심 역할인 음악 부장을 맡게 되면서 노래에 더욱 빠지게 되었다. 좋은 노래를 찾아 화음을 짜고 그것을 동기, 후배에게 연습시키는 매일이 반복되었지만 음악에 대한 열정과 즐거움으로 힘들기보다는 희열을 느꼈다. 지금 돌이켜보면 그때가 음악적 감각이 폭발하던 시기였다. 저녁 6시 30분부터 새벽 1시까지 매일 이뤄지는 음악 작업은 나를 한 단계 업그레이드시켰다. 절대음감을 타고 나진 못했지만 음악에 대한 열정만큼은 누구도 부럽지 않았다.

사회에 나와서 다양한 시도를 했다. 노래자랑 대회에 나간 것이다. 동네 대회 수준일 수도 있겠지만 그에 따른 결과를 나열해보면 이렇다.

2012.06.09. 파주 공릉천 사랑축제 가요제 대상
2013.04.19. 파주 팜스프링 아파트 가요제 1등
2015.05.09. 평택 가요제 은상

교육하면서 받은 그 어떤 상보다 의미 있다. 이제는 또 다른 도전을 하는 중이다. 그렇다. 나는 음악을 즐길 줄 안다. 그래서 그와 관련된 일들이 어렵거나 불편하기보다는 기쁘고 설렌다. 뭔가를 즐길 줄 아는 것은 그래서 중요하다.

일선 학교에 나오니 아쉬운 모습이 많다. 교사들이 힘들다는 것은 현실이다. 즐길 줄 아는 것이 없다는 점이 가장 큰 이유라고 생각한다.

현실에 쫓기다 보니 아이들을 가르치는 게 힘에 부치고, 학부모, 동료 교사, 관리자의 질책 등 다양한 어려움을 호소하는 교사들이 늘고 있다. 그들과 삶을 논하다 보면 한 가지 중요한 것이 빠져 있었다. 바로 즐기는 삶을 찾기 힘들다는 아쉬움이다.

뭐가 먼저인지는 정확히 모르겠다. 하지만 한 가지 사실은 분명하다. 여유 있는 교사들 이면에는 삶을 즐길 줄 아는 자세가 있다는 점이다. 여유가 있으니 그 선한 에너지가 아이들에게 투영되는 것은 당연하다. 그 학급에 들어가면 활기가 넘치고 교사와 학생 간의 래포(rapport, 표준어로는 라포르. 라뽀, 랍뽀로도 사용: 마음이 서로 통하거나 신뢰를 느끼는 관계)가 형성되어 아이들도 즐거움에 물든다. 그렇게 학급은 돌아간다. 즐거운 시스템 안에서 긍정에너지가 연결 또 연결되는 것이다.


### 둘, 성장하는 교사에게는 비전이 있다

나이 40이 넘어서야 비전이라는 숙명의 키워드를 발견한 강헌구 작가처럼 나 역시 하나의 비전을 발견하고 싶었다. 그의 저서 《가슴 뛰는 삶》, 《아들아 머뭇거리기에는 인생이 너무 짧다-비전편》 등을 읽으며 나만의 비전을 정립해갔다. 그의 저서에서는 비전을 이렇게 정의한다.

"비전이란 더 나은 내일을 만들어가기 위한 '마음속의 그림'이다.

1. 비전은 특별한 집중력을 발휘할 수 있게 해준다.

2. 비전은 올바른 선택을 할 수 있게 해준다.

3. 비전은 우리를 솔선해서 움직이게 한다.

4. 비전은 정신적, 육체적 에너지를 공급한다.

5. 비전은 우리에게 피드백을 준다.

6. 비전은 미래의 시점에서 현재 상태를 정확히 직시하는 능력을 준다."

헬렌켈러 또한 비전에 대해 강력하게 이야기했다. "시력의 상실은 얼마든지 견딜 수 있지만 비전의 상실은 견딜 수 없는 것이다."

그와 관련된 또 다른 저서들을 하나하나 읽어갔다. 《비전을 발견하고 디자인하라》《비전의 사람》《내 인생 5년 후》《생각의 비밀》《청춘아, 가슴뛰는 일을 찾아라》《스펜서 존슨 성공》《생각대로 살지 않으면 사는 대로 생각하게 된다》《놓치고 싶지 않은 나의 꿈 나의 인생》등 그 외 수많은 책들을 읽으면서 나는 내 삶의 의미를 찾기 위해 부단히 읽고 쓰고 사색하고 실천하기를 반복했다. 스펜서 존슨의 《성공》을 읽다가 "나의 교육 목적은 학생, 학부모, 교사와 함께 성장하는 것과 스스로에 대해 만족할 수 있도록 돕는 것이다"라는 한 줄기 비전을 발견하게 되었다. 김성효의 《행복한 진로교육 멘토링》을 통해 그것을 더욱 구체적으로 만들어갔다. 《행복한 수업을 위한 독서교육 콘서트》에 제시된 나의 비전이다.

"나는 교육전문가로서 교사는 물론 학부모, 학생들에게 꿈을 현실로 실현시키는 비전 멘토가 될 것이다. 2017년 첫 개인 저서를 시작으로 매년 1권 이상 다양한 서적을, 내 나이만큼 출간할 것이다.

나는 독서전문가로서 교사를 위해서는 다양한 연수 프로그램을 개발 운영하고, 학부모를 위해서는 독서와 꿈 관련 워크숍을 매월 1회 운영하며, 학생들을 위해서는 누구보다 본보기가 되어 꿈으로 가슴 뛰는 삶을 살 수 있도록 배움의 즐거움을 느낄 수 있도록 할 것이다. '일두일작' 운동을 통해 일주일에 두 권의 책을 읽고, 일 년에 한 권의 책을 집필할 수 있는 역량을 모두 다 갖출 수 있도록 성심 성의껏 도울 것이다.

나는 사랑과 감사와 배움의 열정으로 매일매일 조금씩 나아지는, 성장하는 삶을 살 것이다."

나는 또 다른 비전을 발견하기 위해 이 글을 쓰는 지금도 촉각을 세우며 세상을 바라보고, 그것을 바라보고 있는 나 자신도 지켜보고 있다. 당신은 어떤 비전이 있는가? 있으면 더 확장시키고, 없다면 발견하면 된다. 비전을 발견하기 위해 움직인 지금부터 당신은 능력 있는 교사다.

### 셋, 성장하는 교사는 '지속적인 성장 및 나눔'을 꿈꾼다

나는 SNS를 통해 나의 삶을 나누고 있다. 드러내기 위해서가 아니라 누군가에게 작은 도움이 될 수도 있기에 용기를 내어 글을 올리고 있다. 감사한 것은 그것을 통해 전국의 훌륭하고 본받고 싶은 분들의 삶을 엿볼 수 있다는 점이다. 노하우는 물론이고 그 삶을 통째로 복사하고 싶은 욕심에 그들이 쓴 저서, 블로그, 페이스북, 카페, 연수 등을 모조리 훑어 내 것으로 만들기 위해 정리하고 또 정리한다. 생각나는 대로 간단히 나열해도 이만큼이다.

허승환, 김성효, 김성현, 정유진, 서준호, 나승빈, 권영애, 옥복녀, 이영근, 김택수, 김차명, 무코야마 요이치, 이오덕, 레이프 에스퀴스, 한형식, 권순현, 이서윤, 신배화, 이준호, 정민수, 김미경, 이재풍, 에듀콜라, 같이 교육, 에듀니티, 행복한 미래, 즐거운 학교, 아이스크림, 교육과 실천 등 이 분들 모두가 부족한 내게 단단한 뼈대를 만들어주고, 수많은 살을 붙여주고, 귀한 열매까지 맺을 수 있도록 해준다. 그들의 성장은 곧 나눔으로 실현되면서 더 큰 성장의 기쁨을 갖는다. 노하우를 아낌없이 나눔으로써 톨스토이가 말한 진정한 행복을 추구하는 이들이다.

"어떤 것을 자기 혼자만 갖고 싶다는 소원은 악한 인간만이 가질 수 있는 소원이다. 사람이 행하고 경험하는 일이 참된 행복에 가까우면 가까울수록 그 행복을 남에게 나누어주고 싶다는 소원은 더욱 간절해지는 법이다."

후배교사가 나에게 조언을 구한다. 앞으로 나아가야 할 힘을 갖는 방법을 듣고 싶어 한다. 내가 전할 수 있는 핵심은 이것이다. 당신의 삶을 진정으로 즐기는 자가 되길 소망한다.

"자신의 삶을 진정으로 즐기고, 비전을 꿈꾸며, 매일 성장을 통해 나누는 삶을 펼쳐봐. 그것이 곧 너만의 성장력이 될 테니!"

# 4
## 스크루테이프의 고백: 이별하고 또 이별하라

"이제 더 이상 일어나 수면을 방해하기 위해 환자가 좋아하는 책을 던져줄 필요가 없다. 사색하지 않는 그들에게는 전날 저녁 신문에 나온 광고 한 줄로도 충분하지.

시간을 낭비시키기 위해 그가 좋아하는 사람들과 즐겨 나누는 대화에만 의존할 필요가 없어. 평소에 신경조차 쓰지 않던 사람들과 별 생각 없이 따분한 주제로 떠들게 하면 되거든.

오래도록 아무 일도 못 하게 할 수도 있지. 굳이 술 마시며 떠들게 하지 않아도, 썰렁한 방에 앉아 꺼진 불씨만 멍하니 바라보면서 늦게까지 잠 못 이루게 할 수 있으니까."

대한민국 사색 전문가 1호인 김종원의 《사색이 자본이다》에서 만난 스크루테이프의 편지에 있던 한마디 한마디는 그야말로 정곡을 찔

렀다. 그것도 그냥 찌른 것이 아닌 제대로 푹 찔렀다. 잠시 생각에 잠겼다가 답을 얻지 못한 채 다시 읽어나갔다. 마지막인 그의 말에서 나는 책을 덮을 수밖에 없었다.

"이제 보니 나는 해야 할 일도 하나 못 하고 좋아하는 일도 하나 못 한 채 인생의 대부분을 보내버렸구나!"

스크루테이프의 고백에 "나는 아니오!"라고 대답할 수 있는 사람들이 과연 몇 명이나 있을까? 의미 없이 흘러가버린 시간들! 나 역시 그런 답을 할 수 없었다. 몸이 그저 수긍할 뿐이었다. 그 뒤로 회식자리나 동학년회의 등 다양한 모임이 있을 때마다 스크루테이프의 쓴소리를 가슴에 품고 어떤 이야기들이 주를 이루는지 혼자서 생각에 잠겼다. 웬걸! 정말 그의 외침이 거짓이 아니었다. 나 역시 가치 있는 시간이 아닌 무의미한 시간들로 가득한 곳에 몸을 맡기고 있었다는 것을 알게 되면서 정신이 번쩍 들었다.

그 시간이 지난 후 내게 남은 것은 뭔지 회의가 들었다. 나는 저들과 친하다고 생각했는데 저들의 삶을 정의할 수 있는 단어조차 쉽게 나열할 수 없다는 사실을 발견하고 더 놀랐다. 그리고 내게 주어진 시간의 개념을 정리하기 시작했다. 아이가 태어나면서 나는 더욱더 한정된 시간에 쫓겨 살고 있었다. 그래서 불필요한 시간들을 나열해 보았다.

· 소비적인 모임
· TV 시청
· 멍하게 출퇴근하는 시간 등

그때 다짐했다, 이것들과 이별하기로. 그리고는 종이를 꺼내어 크게 하나씩 적기 시작했다.

"나는 앞으로 꿈꾸는 교사가 되기 위해 무의미하게 흘려보내는 시간을 내 것으로 만들겠다. 즉시 끊는다. 불필요한 소비적인 모임이여 싹뚝, TV 시청이여 싹뚝, 멍하게 출퇴근하는 시간이여 싹뚝!"

이어서 조성희의 《뜨겁게 나를 응원한다》에 제시된 원하는 무엇이든 이뤄주는 마법의 법칙 5가지를 작성해서 잘 보이는 곳에 붙였다.

1. 목표가 지금 이루어진 것처럼 현재형으로 바꿔 말하라.
2. 목표를 완성할 날짜를 정하라.
3. 지금 당장 시작할 수 있는 3가지 실천법을 정하라.
4. 1, 2, 3번의 내용을 써라.
5. 하루에 두 번 큰 소리로 읽어라. 일어나자마자 그리고 잠자기 직전에.

"사랑하는 사람에게 줄 수 있는 가장 위대한 선물은 우리가 가진 가능성을 완전히 실현하며 사는 것이다."

《미라클 모닝》을 쓴 할 엘로드의 말을 가슴에 새기고 빈 시간을 나를 위해 채워가기 시작했다. 꿈을 지닌 사람들을 만나고, 틈이 날 때마다 독서를 했다. 놀라운 사실은 그동안 좁은 우물만 열심히 파면서 이것이 인생의 전부인냥 생각하고 행동하던 내가 서서히 꿈을 지닌 사람으로, 펼쳐나가는 사람으로 변화되고 있음을 인지하기 시작했다는 점이다. 물음표에서 느낌표로 생각이 전환되니 지체할 필요가 없었다. 더욱 가치 있는 것들을 찾아나갔다. 특히 독서를 즐기다 보니 생산적으로 살아가는 작가를 만나고 싶었다. 강연회 수준을 넘어서 그와 대화하고 싶었다. 예전에는 멀리서 이지성, 정회일, 박정원, 김난도 등 저명한 작가들의 일방통행으로 소통했다면 이제는 쌍방향 통행을 하면서 진정한 소통을 하고 싶었던 것이다.

《뜨겁게 나를 응원한다》 조성희, 《성장하는 엄마 꿈이 있는 여자》 김미경, 《마지막 1%의 정성》 송수용, 《선생님 걱정 말아요》 김성효, 《초등학생이 좋아하는 글쓰기 소재 365》 민상기, 《결국 인성이 이긴다》 신배화, 《왠지 모르게 끌리는 사람의 30가지 비밀》 박숙희, 《내가 글을 쓰는 이유》 이은대, 《한 권을 읽어도 정약용처럼》 이재풍, 《책 읽는 아이 토론하는 우리집》 김성현, 《수업놀이》 나승빈, 《버츄프로젝트 수업》 권영애 등 다양한 작가들을 만나면서 내가 몰랐던 세계가 있음을 알게 되었다. 에너지가 달랐다. 그들은 매일매일 성장하면서 꿈꾸는, 아니 꿈꾸기에 미친 사람들이었다. 불광불급(不狂不及), 미치지 않으면 미치지 않는 삶을 직접 실천하고 있는 자들이었다.

나 역시 그들의 삶을 그대로 모방하고 싶었다. 무엇보다 작가의 삶을 원했다. 작가! 그동안 나는 작가란 성공한 사람들이 자신의 성공 비결을 책으로 엮은 자들이라는 편견을 갖고 있었는데 그들은 하나같이 쓰는 사람이 성공한다는 놀라운 논리를 이야기했다. 나는 생각에 빠져들었다. 작가 에너지가 온몸에 스며들었다. 나는 써야겠다고 생각한 그날부터 쓰기 시작했다.

보고서 쓰기 싫어서 체육과에 갔던 학생이 책을 낸다며 글을 써내려가는 모습이 상상이나 되나? 쓰면서 알게 된 사실은 내 삶이 가치가 있다는 것, 더 놀라운 사실은 과거 기억까지 꺼내다 보니 상처로 얼룩졌던 내 삶이 자연스럽게 치유되어 간다는 점이었다. 왜 글쓰기가 치유와 관련이 깊은지를 이제 알게 되었다. 내 이야기로 글을 만들어갔다. 내 삶을 그대로 녹였다. 어느 순간 A4 100장이 채워졌고, 마지막 마침표를 찍었을 때는 176페이지였다. 그렇게 《행복한 수업을 위한 독서교육 콘서트》는 세상에 첫발을 내딛게 되었다. 논문도 써본 적 없는 내가 최종 마침표를 찍으면서 스스로 얼마나 대견스러웠는지 그때의 성취감은 이루 말할 수 없다.

다들 알고 있겠지만 교사는 반드시 꿈을 가져야 한다. 아이들을 대할 때의 관점을 확실히 벗겨준 명언 중 가장 핵심이 되는 명언이 있다면 바로 이것이다.

"아이는 부모의 등을 보고 자란다."

본보기가 중요하다는 말이다. 슈바이처 박사의 말도 가슴에 깊이 되내어본다.

"아이는 세 가지를 통해 배운다. 본보기를 통해, 본보기를 통해, 본보기를 통해!"

내가 꿈꾸기를 즐기니 아이들도 꿈꾸기를 즐긴다.

내가 열정적으로 사니 아이들도 열정적으로 살아간다.

내가 삶을 즐기니 아이들도 삶을 즐긴다.

내가 긍정의 마인드로 하루를 사니 아이들도 긍정의 마인드로 하루를 살아간다.

내가 나를 사랑하니 아이들도 자신을 사랑한다.

내가 솔선수범하니 아이들도 솔선수범한다.

내가 부지런하니 아이들도 부지런히 생활한다.

내가 꼼꼼해지니 아이들도 꼼꼼해진다.


이제 이렇게 다시 정의를 내리자.

"아이들은 교사의 모든 것을 보고 자란다."

# 교사에게도 파킨스 법칙이 있다?

"앞으로 20년 뒤

당신은 한 일보다

하지 않은 일을 후회하게 될 것이다.

그러니 배를 묶은 밧줄을 풀어라

안전한 부두를 떠나 항해하라.

당신의 돛에 무역풍을 가득 담아라.

탐험하라! 꿈꾸라! 발견하라!"

– 마크 트웨인

이른 새벽에 일어나 마크 트웨인을 만났다. 마음을 다해 필사하다 보니 미라클 모닝을 시작한 지 21일째 되는 날이었다. 어느덧 습관이 되었는지 몸도 전혀 피곤하지 않았다. 그의 고백처럼 내 남은 인생을 후회하기가 싫었다. 그래서 현실을 벗어나기 위해 몸부림쳤다. 단 한 번뿐인 내 인생을 남의 손에 좌지우지 하지 않도록 더욱더 사고를 확장시켜갔다.

두 가지 중 하나를 선택해야 했다. 현실에 평안히 안주할 것인가 vs 매일 새로운 성장의 삶을 살 것인가. 나는 후자를 택했다. 아인슈타인이 기적의 삶을 살기로 선택한 순간부터 변했듯이 나 역시 성장의 삶이 나를 더욱 나답게 만들었다. 삶이 평안하다는 말은 그 어떤 파도조차 없는 잔잔함이 느껴진다. 그 물에 들어가 있으면 바로 알 수 있다. 내가 움직이지 않아야 그 잔잔함이 유지된다는 것을. 하지만 내가 움직이기 시작하면 작은 물결이 인다. 인생은 그런 것 같다. 움직여야 뭔가 파동이 일어난다. 현재의 평안함을 벗어나야 하는 이유가 바로 그것이다. 그런 파동이 쌓여 진짜 내 인생이 만들어질 테니.

파킨스 법칙! 1935년의 영국 식민성의 행정직원은 372명이었지만, 1954년에는 1661명으로 늘어났다. 관리할 식민지가 줄어들었는데도 식민성 직원은 오히려 다섯 배가 늘었다. 이 모순된 현실에서 파킨슨은 관료주의를 비판한 일련의 법칙을 만들어냈다. 관리의 수와 업무량은 아무 관련이 없다고 하면서 2가지 증거를 들었다.

하나, 공무원은 경쟁자를 원치 않으며 부하직원이 늘기를 원한다.

둘, 공무원은 서로를 위해 서로 일을 만들어낸다.

한참 동안 이 증거를 들여다보았다. 다시 읽고 또 읽으면서 이해는 하지만 인정하고 싶지는 않았는데, 인정해버리면 나 역시 그 법칙에 해당되는 느낌이었기 때문이다. 그러나 나도 그런 불만이 있었던지라 이내 수긍할 수밖에 없는 이 심정, 참으로 아쉬움만 가득하다.

공무원이라는 이유만으로 어떤 모임에 가면 다들 부럽다는 뉘앙스로 말하곤 한다. 자신들은 철저한 경쟁사회에서 살아남기 위해 야근, 주말 반납, 접대 등 안간힘을 쓰는데 공무원은 그럴 필요가 없으니 얼마나 좋으냐면서. 나도 할 말은 있다. "야! 애들 가르치는 일이 어디 쉽냐?"는 말이 목구멍 끝까지 나오지만 밖으로 낼 수는 없다. 그들 중에는 이미 명퇴를 당한 친구들도 있기 때문이다. 어느새 사오정(45세 정년)을 넘어 38선(38세 정년)까지 왔다. 지금 이 글을 쓰는 나 역시 그 나이대이기에 더 피부로 와닿는다. 모두가 힘든 현실이다.

학교 현장은 회사와 달리 강제로 직장을 그만둬야 하는 불안은 없다. 각자의 업무를 맡고, 아이들을 잘 가르치며 큰 안전사고 없이 그렇게 한 해 한 해가 지나간다. 특별한 파동 없이 1년을 무사히 보내고 나면 가치 있는 기억들이 많을 것 같지만 이상하게도 남는 기억은 없다. 그렇게 지나간다. 깊은 물 속에 잠겨, 움직임이 없는 사람들처럼 그렇게 흘러만 간다.

2학기 말에 실시하는 교원평가를 위해 자기실적 보고서를 작성하려면 그때서야 '올해 내가 뭐했지?' 싶다. 전혀 생각나지 않는다. 누가 자세히 보는 사람도 없기에 작년 파일을 꺼내 Ctrl+C, Ctrl+V를 하고 연도를 바꾸고 오탈자를 확인한 후 제출한다. 늘 같은 학년, 같은 업무, 같은 교과, 같은 내용을 가르치기에 언제나 똑같은 보고서다. 그래도 한 해 안전하게 마무리한 것에 감사하며 내년을 함께할 동료교사를 물색한다. 그렇게 나는 한 해 한 해 가까스로 살고 가까스로 이겨낸다. 그러다 보면 자연스레 정년퇴직을 할 시기가 올 것이고, 노후가 잘 대비된 연금으로 노년을 맞이하면 그만이다.

특별히 관리자가 되기 위해 애쓰지 않았기 때문에 그 누구보다 평안하게 잘 지낸다. 근평을 받기 위해 아부를 떤 것도 아니고, 관리자의 길을 가기 위해 각종 보고서에 연구대회에 힘든 연구·교무 부장을 거치지도 않았으니 그들보다 스트레스도 덜 받았으리라 위안 삼을 것이다. 관리자로 퇴직하나 평교사로 퇴직하나 퇴직 이후에는 똑같은 아저씨다. 비록 관리자처럼 명예롭게 퇴직한 것은 아니지만 내 인생 후회 없이 교육했고, 후회 없이 학교생활에 매진했다. 그래서 나는 그 누구보다 행복하다.

정말? 과연 그럴까? 이런 삶을 행복이라고 말할 수 있을까? 세상이 정한 이분법적인 사고에 맞춰 승진 아니면 비승진으로 확정하고, 비승진자들은 승진자들이 걸어가면서 쌓아가는 커리어를 완전히 무시한 채 학교에서 주어진 업무와 수업에만 만족하며 살기에는 내 자신이 너무 안쓰럽다. 속에서는 이렇게 외치고 있을 것이다.

"진수야! 넌 능력이 더 많잖아. 왜 숨겨? 드러내서 더욱 가치 있는 일에 사용해봐."

"야! 괜히 능력 드러냈다가는 일만 더 많아지고 귀찮아져. 그냥 편히 살자. 어차피 이러나저러나 녹봉은 똑같아. 네가 아무리 애쓴들 만원 한 장 더 주지도 않잖아. 공무원 좋은 점이 뭐냐? 일해도 그만, 안 해도 그만이야. 왜 인생 어렵게 살려고 해. 그냥 주어진 일에만 충실해. 그것만으로도 너는 충분히 잘하고 있는 거라니까."

두 가지 마음이 상충될 때 당신은 어느 쪽에 손을 들어주겠는가? 선택은 본인의 몫이다. 옳고 그름의 문제가 아니다. 두 인생 모두 가치 있다. 하지만 내게 선택의 기회가 주어진다면 나는 전자의 삶으로 내 가치를 더욱 찾아갈 것이다.

초임 교사시절 영재수업을 수년간 실시했다. 나는 기존의 자료를 토대로 과거에 했던 것들과는 달리 새로운 것을 시도했다. 다른 것들에 비해 준비물이 많이 필요한 로켓 분야와 현재 유행하는 코딩 로봇 분야를 차례대로 도입했고, 주변에 이것에 대해 아는 교사가 없어 회사 관계자를 불러 1:1 연수를 들었다. 아이들은 새로운 분야를 접했기에 매 수업 시간마다 열정적으로 빠져들었다. 나조차 잘 모르는 분야에 도전하고 싶었던 마음으로 시작했기에 가르치면서 배우고, 배우면서 가르쳤다. 그로 인해 많은 것들을 얻었다. 〈SBS 꾸러기 탐구생활〉에 출연하기도 했고, 교육감상을 수상하기도 했으며, 로봇 분야에서 학생을 지도하여 수상하는 등 예상하지 못한 선물을 많이 받았다. '나'라는 배가 항구에 정박해 있지 않고 도전정신으로 바다를 향한 결과물이었기에 더욱 뜻깊었다.

대한민국에서 최초로 할리우드 진출에 성공한 한국 배우 김윤진은 《세상이 당신의 드라마다》에서 주연배우에서 신인배우로 변한 삶을 이야기한다. 주연배우로서 현실에 안주할 수 있었지만 신인배우의 삶은 전혀 다른 이야기다. 어쩌면 우리 교사들이 싸워야 할 적은 교육정

책이 자주 바뀌는 외부가 아니라 내부의 적인 안주, 또는 당연함에 있을지도 모른다. 자신의 배가 지금 어디에 있는지를 살펴보라. 잠시 쉬어가기 위해 정박한 게 아니라 몇 년 이상 한 곳에 머물러 있다면 지금 당장 안주라는 그늘에서 벗어나야 한다. 배는 항해를 하기 위해 존재한다. 가만히 있기 위해 존재하는 것이 아니다. 지금 당장 밧줄을 풀고 큰 바다로 나가자! 분명 또 다른 세상이 당신을 기다리고 있을 것이다.

# 교사 성장의 멘토, 10인을 만들어라

"몽상이 아닌

꿈을 꾸는 사람과 어울려야 한다.

거대한 목표를 세우고 위대한 일을 이루려는 사람과 가까이하면

우리도 그렇게 된다.

우리가 잠재력을 온전히 발휘하도록 도와줄 사람을 사귀어야 한다."

— 조엘 오스틴

어느 토요일, 새벽 1시 50분에 눈이 떠졌다. 바로 일어나 씻은 후 책상에 앉아서 조성희의 《뜨겁게 나를 응원한다》 84번째 글을 필사했다. 이 글을 쓰면서 4명의 명사들이 떠올랐다. 짐론, 박현주, 제임스 알투처, 나폴레온 힐.

"당신은 자신이 가장 많은 시간을 함께 보내는 다섯 사람의 평균치다." 짐론은 나에게 주변에 가치 있는 사람들을 채우도록 주문했다.

《돈은 아름다운 꽃이다》에서는 큰 바위 얼굴을 만나러 다니는 박현주 회장의 적극적인 모습이 눈에 들어왔다. "내가 밑에서 일하고 싶은 사람은 따로 있습니다."

좋은 조건의 스카우트 제안이 있었는데 거절하는 모습을 보고 심히 놀랐었다. 그는 큰 바위 얼굴이 나타나기를 기다리기보다는 직접 그들을 찾아가서 닮고 따라가는 삶을 살았다. 그런 노력의 결과 그는 그들과 똑같은 큰 바위 얼굴이 되었음을 알게 되었다. 박현주 회장은 나에게 이렇게 말했다. "너도 큰 바위 얼굴이 될 수 있어!"

제임스 알투처에게는 짐론과 마찬가지로 "가장 존경하는 사람 다섯 명을 정해 그들에 대한 모든 정보를 읽어라. 그리고 그들과 비슷해지기 위해 할 수 있는 일을 적어라"라는 조언을 받았다.

더 나아가《놓치고 싶지 않은 나의 꿈 나의 인생》에서 나폴레온 힐은 매일 밤마다 상상멘토 9명을 불러서 탁상회의를 한다며 내게도 권유한다. 9명의 명단을 보면 기가 차다. 에머슨(시인, 사상가), 페인(철학가), 에디슨(발명가), 다윈(진화론자), 링컨(정치가), 버배크(원예가), 나폴레옹(황제), 포드(자동차왕), 그리고 카네기(철강왕)!

조엘 오스틴의 글을 다시 천천히 읽고, 또 되새겼다. 수많은 위인들의 삶을 본받고 싶었다. 가슴속에 뜨거운 뭔가가 전해졌다. 그것을 무의식으로 활용해 글로 적기 시작했다. 나는 어떤 사람이 되고자 하는지를 그 글을 통해 알게 되었다.

아인슈타인이 말한 가치 있는 사람!

하워드 슐츠가 말한 도전하는 사람!

마더 테레사가 말한 진정한 나눔을 실천하는 사람!

김난도 교수가 말한 네 운명을 사랑하는, 아모르파티의 사람!

강헌구 교수가 말한 비전으로 충만한 사람!

빌 클린턴이 말한 말보다는 행동으로 교육하는 사람!

오프라 윈프리가 말한 감동을 주는 사람!

이지성 작가처럼 독서를 통해 인생을 변화시켜주는 사람!

존 워너 메이커처럼 성실하게 꾸준히 해내는 사람!

아리스토텔레스처럼 생생하게 꿈을 그리는 사람!

공자처럼 옛것을 부단히 배우기에 힘쓰는 사람!

에디슨처럼 수많은 실패에도 불구하고 실패라고 단정 짓기보다는 하나의 배움이라고 칭할 수 있는 사람!

릭앤 딕 호이트 부자처럼 You can! 너는 할 수 있다고 몸으로 보여줄 수 있는 사람!

김성효 선생님처럼 "선생님 당신이 있어 세상이 빛납니다. 힘내십시요"라는 말로 다른 교사에게 힘이 되어주는 사람!

조앤 롤링처럼 "실패는 삶에서 불필요한 것들을 제거해준다. 나는 내게 가장 중요한 작업을 마치는 데 온 힘을 쏟아부었다. 그런 견고한 바탕 위에서 나는 인생을 재건하기 시작했다. 스스로를 기만하는 일을 그만두고 정말 중요한 일을 시작하라"고 고백할 수 있는 사람!

미켈란젤로처럼 남들이 보지 않는 디테일한 작은 부분까지도 자신이 알기에 더욱 힘쓰는 사람!

피터 드러커처럼 3년마다 주제를 바꿔가며 평생 배우기에 힘쓰는 사람!

간디처럼 "할 수 있다는 믿음을 가지면 처음에는 그런 능력이 없을지라도 결국에는 할 수 있는 능력을 확실히 갖게 된다"는 고백을 할 수 있는 사람!

정주영 회장처럼 새벽 4시에 기상하여 명상에 잠겨 미래를 긍정적으로 상상하며 공상을 즐길 줄 아는 사람!

《가장 낮은 데서 피는 꽃》에서 만난 김숙향 선교사처럼 어려운 곳에서 진정한 가치관 교육을 하는 사람!

링컨처럼 수많은 넘어짐에도 불구하고 툭툭 털고 일어나 "길이 약간 미끄럽긴 해도 낭떠러지는 아니야"라고 말할 수 있는 사람!

나는 수많은 위인과 성공자들의 장점을 본받고 싶었다. 그래서 여기 나에게 강력하게 영향을 주고 있는 10인을 소개하고자 한다.

### 하나, 김성현 선생님

《독서토론 논술 수업》《아이들과 함께 놀자》《내 아이를 바꾸는 하루 10분 부모 수업》《초등 부모학교》《책 읽는 아이 토론하는 우리 집》《6학년 아이의 모든 것》《초등 독서 바이블》《교과 수업, 틀을 깨다》 등 다수의 저서를 집필한 초등교사다.

2015년 11월 12일 멀리서 연수생으로 봤었는데 블로그를 통해 연결된 것이 인연이 되어 지난 2016년 12월 본교에서 초청 강연을 한 적이 있다. 연수 이후 우리 교실에서 30분 남짓 이야기를 나누었을 뿐이지만 강한 동기부여가 되었고, 무엇보다 나를 참 독서가의 세계로 인도해준 고마운 분이다.

### 둘, 김택수 선생님

군대를 막 제대하고 2007년부터 2010년도까지 매직티처에서 함께 활동하면서 알게 된 김택수 선생님! 지금은 마술을 넘어 교육계의 작은 거인이 된 듯한 모습이다. SNS를 통해 교육 기획을 많이 하고 있음을 알고 '언젠가는 나도 참여해야지'라는 생각을 하던 차에 '교수 최강', '티처빌 15주년 기념 교사 페스티벌'에 참석했다. 그곳에서 평소 만나고 싶었던 많은 전국구 선생님들과 조우하게 되는 인연을 맺기도 했다.

유재석의 〈진실 혹은 거짓〉에도 나오고, 〈수업의 달인〉 등 다수의 TV 방송에도 출연하는 전국구 스타이기에 만날 때마다 연예인이다 싶을 정도로 신기하다. 우리나라를 넘어 해외 한글학교에도 선한 영향력을 미치는 그의 영향력을 더욱 본받고 싶다.

### 셋, 허승환 선생님

'초통령'이라 불릴 정도로 많은 선생님들이 존경하고 만나고 싶어 하는 영향력 있는 교사다.

교육 콘텐츠 '예은이네'를 운영 중이고 《허쌤의 수업놀이》《허쌤의 짬짬이 교실놀이》《허쌤의 학급경영 코칭》《토닥토닥 심성놀이》《공부가 좋아지는 허쌤의 공책레시피》《두근두근 운동장 놀이》《수업시작 5분을 잡아라》《두근두근 놀이 수업》《교실 속 평화놀이》《수업의 완성》 등 다양한 저서와 강연을 통해 후배교사들에게 아낌없는 조언을 해주고 있다.

그의 SNS에는 이런 문구가 있다.

"교사가 된다는 것의 최고의 매력은 교직이 중요한 일이며 특히 학생에게 변화를 가져온다는 점이다. 교직이 어려운 이유는 단 하루도 빠짐없이 중요하기 때문이다."

토드 휘태거의 글귀를 그대로 실천하는 실천가이기에 나에게 많은 영향력을 주고 있다.


### 넷, 나승빈 선생님

'교육 공장장'이란 칭호를 받을 정도로 다양한 분야에서 열정이 가득한 교사다.

많은 선생님들이 초등 교육자료 콘텐츠를 담고 있는 인디스쿨에 접속하기 전에 먼저 나승빈 선생님 블로그에 간다는 말이 있을 정도로 지금까지의 학급 살이를 블로그에 다 담아두었다. 나 역시도 학급운영이 어려울 때 거의 몇달 동안 그의 블로그를 분석하며 어려움을 이겨낸 적이 있다. 그의 열정을 본받아 나 역시 매일 교단일기인 '밀알이야기'를 하루도 빠짐없이 기록하고 있다. 이것이 나에게 교육적 핵심습관으로 자리 잡아 행복한 교실을 운영하고 있기에 더욱 본받고 싶다.《월간 나승빈》《핵심 역량을 키우는 수업 놀이》《승승장구 학급경영》을 통해 그의 역량을 넓히고 있다.

### 다섯, 김성효 선생님

나에게 적지 않은 영향을 준 분이다. 《행복한 진로교육 멘토링》을 통해 알게 된 그녀는 '학급을 경영하라'라는 주제로 〈세상을 바꾸는 시간 15분〉의 명사로 나온 이력도 있다. 그 영상 안에 담겨진 메시지는 내 안에 잠들어 있던 에너지를 끌어올리기에 충분했고 그것을 토대로 나만의 학급문화를 만들어가고 있다. 《선생 하기 싫은 날》《기적의 수업 멘토링》《학급경영 멘토링》《선생님 걱정 말아요》《교사 독립선언 1》《수업의 완성》 등 다양한 저서를 통해 많은 이들에게 빛을 밝혀주는 멘토 중의 멘토다. 지금은 '성효샘과 함께하는 예비 작가 모임'(예작)을 운영하면서 다른 선생님들의 잠재된 힘을 일깨우는 역할을 하고 있다.

### 여섯, 김미경 작가

《성공하는 엄마, 꿈이 있는 여자》의 저자로서 초등교사 15년 경력을 마무리하고 지금은 부모교육, 자녀교육, P.E.T 강사 등 효과적인 부모의 삶을 진정으로 전하는 MotherEarth 대표다. 2016년 4월 우리 학급에 초청하여 부모교육을 토대로 맺은 인연을 통해 선한 에너지를 공급받고 있다. 매일 미라클 모닝으로 감사와 사랑을 실천하는 그녀의 에너지가 나에게까지 전이된다. 네이버 밴드 '미라클 모닝'의 리더로서 부모들의 삶의 변화를 이끄는 독서모임, 자기계발 모임을 주기적으로 이끌고 있다.

**일곱, 윤성희 작가**

《기적의 손편지》의 저자이면서 손편지로 세상과 소통하는 그녀다. 블로그를 통해 우연히 인연을 맺었는데 우리 학급에 선한 에너지를 선물해주고, 그 에너지로 인해 아이들과 나는 기적을 체험하는 중이다. 지난 2년 동안 우리 반에 준 엽서 하나하나의 정성 덕분에 학급에 사랑이 넘쳤다. 그녀 덕분에 알게 된 손편지의 힘은 우리 교실에서 아이들과 나의 오작교 역할을 톡톡히 해주고 있다.

**여덟, 조성희 작가**

《뜨겁게 나를 응원한다》《마인드 파워로 영어 먹어버리기》《어둠의 딸, 태양 앞에 서다》《어메이징 땡큐 다이어리》의 저자이고, '조성희 마인드 스쿨-마인드 파워! 마인드 영어!' 카페, 센터를 운영하고 있는 대표이기도 하다.

그녀의 글은 계속 나락으로 떨어지고 있었던 내 마음을 다시 잡아 끌어 주었고, 2017년 3월부터 시작한 '미라클 모닝+필사'에 큰 모티브가 되었다. 그녀의 강한 동기부여가 없었더라면 내 책은 세상 속에 빛을 발하지 못했을 것이다. 간절함과 영감에 대한 중요성을 그녀를 통해 배웠다.

**아홉, 송수용 작가**

《내 상처의 크기가 내 사명의 크기다》《들이대 DID》《킬링 리더 VS 힐링 리더》《마지막 1% 정성》《DID로 세상을 이겨라》의 저자이고,

DID 드림센터 대표다. 매주 토요일 드림센터에서 아침 7시에 저자 강연회를 주관하고 많은 분들에게 영감을 선물하고 있다. 강연 코칭, 책쓰기 코칭 등 다양한 분야의 리더들을 양성, 무엇보다 숨어 있는 잠재력 97%를 발견하도록 끊임없이 끌어주는 멘토다. 많은 사람들이 그의 영향력에 감사를 표하는 것을 보면 그 이유를 알 수 있다. 그는 이야기한다. '내 상처의 크기가 곧 사명의 크기'라고! 사람들의 상처를 사명으로 전환하는 그의 힘을 배우고 있다.

### 열, 이은대 작가

《내가 글을 쓰는 이유》《최고다 내 인생》《아픔공부》 등의 저자로서 책 읽기, 글쓰기를 통해 꿈과 희망을 선물하는 '자이언트 북 컨설팅'을 운영하는 대표다. 내가 좋아하는 선생님들과 작가들이 존경을 표하기에 궁금한 나머지 그의 강의를 들었는데 나 역시 그의 스토리에 흠뻑 빠졌다. 그는 이야기한다.

"글을 읽고 쓰는 삶은 필요가 아닌 의무다."

"나만의 스토리는 가치가 있다. 그래서 더욱 써야 한다."

"이미 우리 안에 이야기가 다 있다."

"글쓰기는 치유의 능력이 있다. 일단 써라."

그로부터 받은 글쓰기에 대한 사랑 덕분에 나 역시 이렇게 나의 이야기를 꺼낼 수 있었다.

머나먼 꿈이 있다. 나에게는 잘 보이지 않지만 방법은 있다. 거인들의 어깨를 빌리는 것이다. 그들의 어깨를 빌린다. 그들은 마음껏 자신들의 어깨를 타라고 이야기한다. 꿈 너머 꿈이 드디어 보인다. 거인과 나는 함께 그 길을 걸어간다. 내 발걸음보다 훨씬 빠르게 갈 수 있다. 나는 이들의 어깨에서 마음껏 콧노래를 부르며 꿈을 찾아간다. 서서히 꿈이 가까이에 다가옴이 느껴진다. 감사하다. 이제 내릴 시간이다. 거인들 덕분에 이곳까지 잘 왔다. 나 역시 다른 사람의 꿈을 위해 어깨를 넓혀야겠다. 누군가 타려고 손짓을 보낸다. 기꺼이 내 어깨를 빌려준다. 지금껏 받은 것이 많기에 이 순간이 더 즐겁다. 더 많은 사람과 동행하고 싶다.

## 7
# 교사 성장의 키워드 '숙명'

　2017년 5월 17일, 매우 뜻깊은 날이다. 시각 장애인 팟캐스트 '열린 회전문' 진행자인 공미정 아나운서가 교실에 오는 날이기 때문이다. 블로그를 통해 알게 된 그녀와 소통하게 되었고, 아이들에게 꿈과 희망을 선물하기 위해 재능기부로 진로특강을 하기로 했다. 나는 재능기부 특강이 오면 두 가지를 준비한다. 하나는 현수막이고, 다른 하나는 아이들의 감사편지다. 감사편지는 아이들 각자가 A4용지에 글과 그림으로 정성껏 꾸며 고리로 엮어 책으로 전해준다. 그녀는 방송인에 대한 이야기를 시작으로 복식호흡법, 발음 연습법, 스피치 훈련, 라디오 청취 등에 관한 내용으로 2시간 동안 우리의 혼을 빼앗았다. 이 날의 핵심은 15개의 키워드를 통한 스피치 훈련이었다. 이렇게 진행했다.

1. 내가 관심 있는 15개의 키워드 찾기

2. 그중 5개 키워드 선택하기

3. 5개의 단어가 포함한 하나의 문장을 만들기

한 친구는 5개의 키워드로 사랑, 자신감, 말, 손톱, 엄마를 골랐고, 이런 문장을 만들었다.

"엄마가 손톱을 물어뜯지 말라고 하셔서 습관을 고친 후 엄마에게 자신감 있게 습관을 고쳤다고 말해 사랑을 받았다."

또 다른 친구는 작가, 가족, 책, 행복, 배려를 골랐고, 이런 문장을 만들어 발표했다.

"우리 가족은 행복하고 배려심이 많습니다. 그리고 저는 책을 좋아해서 작가라는 꿈을 가지고 있습니다."

공미정 아나운서는 스피치 훈련의 목적으로 이것을 활용했지만 나는 순간 단어 하나가 떠올랐다. 숙명의 키워드! 내 인생을 단 하나의 키워드로 정립하기 위해 위와 같은 방법이 아주 적합하다는 생각이 들었고, 수많은 자기계발 책을 통해 같은 방법으로 자신의 브랜드를 발견했음을 알게 되었다.

영화감독 스티븐 스필버그는 "12살, 나는 영화감독이 되기로 결심했고 그 길만을 위해 살아왔다"고 말했다. 세계적인 봉사단체 그레 팬더즈를 창설한 매기 쿤이 자원봉사라는 숙명적인 키워드를 발견한 것은 65세였고, 더바디숍의 아니타 로딕이 화장품이라는 키워드를 선택한 것은 34세 때였다. 질레트 면도기의 창업자 킹 질레트가 면도기라는 단어를 선택했을 때 그의 나이는 40세였다. 숙명적인 키워드를 찾는 데 최적의 나이라는 것은 따로 없다. 현재 자기 나이가 가장 알맞은 나이다. 중요한 것은 언제 선택했느냐가 아니라 6만 시간 이상을 그 키워드에 실제 쏟아부었느냐는 것이다.

강헌구 작가의 《가슴 뛰는 삶》을 읽고 나만의 키워드를 고민하게 되었다. 교사인 내가 먼저 고민하니 우리 반 친구들에게도 그 에너지가 전이된다. 나는 이것을 '15.5.1 키워드'라고 명명하고 나에게 적용하기 시작했다. 먼저 내가 관심 있는 것들을 나열해보았다.

독서, 음악, 영어, 작가, 나눔, 신앙, 육아, 건강, 의미(성장), 노래, 영상제작, 부모, 강연, 인성, 위인 등 15개를 적고 5개를 추리기 시작했다. 신앙, 육아, 독서, 의미(성장), 나눔으로 압축되었고, 단 하나의 키워드로 잡은 것이 바로 '의미(성장)'였다. 그렇다. 나는 내가 선물로 받은 삶의 의미를 다른 이들도 똑같이 발견하게 해주고 싶은 마음이 있다는 것을 알게 되었다.

"인간은 궁극적으로 왜 살아야 하는가를 묻기보다는, 자신의 삶에 스스로 의미를 부여할 줄 알아야 한다"는 빅터 프랭클의 말이 다시 가슴을 적신다. 다양한 위인들이 말을 보면 더 확연히 다가올 것이다.

"자기 삶이 의미 없다고 생각하는 사람은 단지 불행할 뿐만 아니라 인생에 적합한 사람이 되기도 힘들다."

– 아인슈타인

"삶의 의미는 발견하는 것이 아니라 만들어가는 것이다."

- 생택쥐베리

"당신이 행하는 일이 큰 의미가 없을 수도 있지만, 뭔가를 실행하고 있다는 것은 매우 중요한 것입니다."

- 마하트마 간디

"쉴 새 없이 보다 나은 사람이 되기 위해 노력하자. 여기에 인생의 참된 의미가 포함되어 있다. 어떻게 계속해서 앞으로 나아갈 것인가. 그것은 오직 노력에 의해서만 가능하다. 노력 없이는 결코 나은 사람이 될 수 없다."

- 톨스토이

"인생의 의미는 스스로 찾는 것이다. 인생을 비극이라 생각하는 사람에게는 비극이, 희극이라 생각하는 사람에게는 희극이 된다."

- 윌리엄 사로얀

"왜 살아야 하는지 아는 사람은 그 어떤 상황도 이겨낼 수 있다."

- 니체

지난 2016년 1월, 내가 살아가는 이유에 대한 작은 깨달음이 있었다. 김병완의 《48분 기적의 독서법》을 읽다가 내 마음속 작은 뭔가가 나를 계속 자극하기 시작했다. 글자, 더 정확히 이야기하면 글자의 힘을 알게 된 것이다. 그 책에서 헤르만 헤세를 만나게 되었고, 《헤르만 헤세의 독서의 기술》을 통해 진정한 글자의 힘을 강하게 느낄 수 있었다.

"해마다 수천 수만의 어린이들이 학교에 입학하여 처음으로 글자를 써보고 한 자 한 자 글을 깨치는 모습을 본다. 얼마 지나지 않아 대부분의 아이들은 읽기 능력을 그저 당연하고 대수롭지 않게 여기는 반면, 어떤 아이들은 한 해 두 해를 넘기고 십 년 이십 년이 지나도록 학교에서 배운 그 마법의 열쇠를 사용하며 새록새록 매료되고 탄복한다. 오늘날 읽기는 누구나 다 배우지만 얼마나 강력한 보물을 손에 넣었는지를 진정으로 깨닫는 이는 소수에 불과하다. 난생처음 글을 배워 혼자 힘

으로 짧은 시나 격언을 읽어내고, 동화와 이야기책을 읽게 된 아이는 스스로를 얼마나 대견해하는가. 그런데 소명을 받지 못한 대개의 사람들은 이렇게 배운 읽기 능력을 그저 신문기사를 읽는 데나 활용할 뿐이다."

그동안 나는 그저 신문기사나 교과서를 볼 때, TV 화면 속 글자 등을 읽기에만 읽기 능력을 활용할 뿐이었다. 그때 쉴 새 없이 눈물이 흘렀다. 옆에 있던 아내는 내가 갑자기 왜 우는지 의아해하면서도 그저 묵묵히 바라볼 뿐이었다. 나는 알게 된 것이다. 글자의 힘을! 그리고 글자를 읽고, 쓰고, 말할 수 있다는 것에 대한 감사함을! 당시의 떨림을 다 표현하기 힘들다. 그때 내가 얼마나 강렬한 느낌을 받았는지 마음을 토해낸 글을 보면 알 수 있을 것이다.

아침에 이상한 경험을 했습니다.

안중근의 "하루라도 책을 읽지 않으면 입안에 가시가 돋는다"는 독백이,

정약용이 유배지에서 아들에게 편지를 보낼 때의 간절한 고백이,

이지성의 공개적인 1호 멘티 《독서천재가 된 홍대리》, 《읽어야 산다》의 저자 정회일의 간절함이,

죽고 싶던 마음을 벗어나 영국의 위대한 총리로 우뚝 선 처칠의 마음이,

책을 선물해주는 사람이 가장 좋다고 고백한 링컨의 마음이,

글을 읽고 쓸 수 있다는 것에 대한 큰 축복을 알게 해준 헤르만 헤세의 간절함,

백성이 책을 읽을 수 있도록 《훈민정음》을 세상에 만들어낸 세종대왕의 그 마음이

문득 제 가슴을 심하게 요동치게 했습니다.

그동안 책을 읽을 수 있다는 귀한 축복을 당연하게 여기고 감사하다는 생각을 한 번도 하지 않은 저였습니다. '내가 만약 조선시대 백정으로 태어났다면 이런 축복을 받지도 못했을 텐데'라는 생각이 들자 눈물이 났습니다.

이 모든 것에 대한 감사의 눈물입니다. 그래서 그냥 한없이 울었습니다. 지금 이 글을 쓰는 데도 또 눈물이 납니다.

너무 좋은 깨달음을 주셔서 감사합니다. 깊이깊이 감사한 마음입니다.

간혹 이때의 느낌을 떠올리기 위해 이 글을 다시 읽곤 한다. 읽을 때마다 가슴이 떨린다. 아직도 숨어 있는 눈물이 있는지 가끔 눈물이 흐를 때도 있다. 그 뒤로 책을 읽을 때마다 더 큰 감동이 몰려왔다. 기존에 잘 이해할 수 없던 책들도 다시 꺼내어 읽고 또 읽었다. 느낌이 완전히 달랐다. 새로운 책으로 탄생되는 순간이었다. 누구처럼 수천 권을 읽지는 않았지만 이런 느낌을 받은 것만으로도 감사의 고백이 흘러나왔다. 작은 깨달음을 준 독서는 이어서 교육, 육아, 신앙까지 이어졌고 결국에는 삶의 이유까지 발견할 수 있게 되었다. 그렇다. 나는 살아갈 이유가 있는 사람이었다. 그 전에는 나라는 사람을 하찮게 여기고, 고개가 절로 숙여지는 존재로 인식했다면 이제는 다르다. 나는 정말 가치 있는 사람이다. 당신도 그리고 우리 모두 정말 가치가 있다는 것을 알게 되었다.

이렇게 교사인 나부터 숙명의 키워드를 만나고 나니 아이들의 생각이 궁금했다. 이것을 교육으로 끌어내기 위해 미미쌤(초등 아이스크림 미술 수업 Idea)의 타이포그래피를 응용했다. 이렇게 진행했다.


1. 자신을 나타내는 키워드 적어보기
2. 그중 5개를 선택하기
3. 5개 중 1개의 숙명의 키워드 선택하기
4. 아이스크림 미술수업 Idea 미미교실 쌤튜브 타이포그래피 시청하기
5. 타이포그래피 제작하기(8절지 또는 A4용지 선택)

칠판에 서로의 키워드를 공유할 수 있도록 칸을 마련하여 게시하기도 했다. 숙명의 키워드와 타이포그래피의 만남은 아이들에게 자신에 대한 생각과 즐거움을 주기에 충분한 활동이었다. 우리가 발견한 숙명의 키워드는 이제 시작일 뿐이다. 앞으로 더 많은 의미를 찾기 위해 내가 가진 모든 것 이상의 힘을 들여 주변에 나눠주고자 한다.

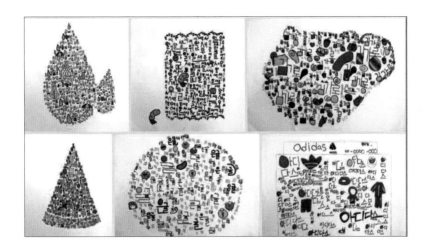

# 《한 권을 읽어도 정약용처럼》으로 날개를 달다

(이재풍 선생님)

2017년 11월《한 권을 읽어도 정약용처럼》의 저자 이재풍 선생님을
처음으로 만날 수 있었다. 그를 비롯해 총 6명의 선생님들이 함께하는

자리였는데 독서를 향한, 무한한 성장을 향한 강한 에너지를 받기에 충분한 시간이었다. 책 쓰기에 대한 열정과 네트워크, 고전에 대한 깊이를 함께 나누었다.

2018년 2월 그를 다시 만났다. 그때는 '사도세자'(현재는 로고 독서교육연구회)라는 임시 모임명도 만들어진 상태였다. '스승답게 책을 사랑하여 세상을 바꾸는 자부심을 가진 사람들'이라는 비전을 품고 서로 다른 점들이 모여 하나의 선이 되는 순간이었다.

"내 가슴 속에 밀려드는 사랑과 함께 아름다움의 빛을 경험한다면, 그 가슴에 불을 지르고 끝나지 않을 때까지 나를 태우리라. 내 눈에 빛이 뿜어져 나오는 그 순간을 어떻게든 기꺼이 즐기리라."

그와 이야기를 나누자 미켈란젤로의 말이 떠올랐다. 내면의 아름다움을 기꺼이 나누면서 세상 속에서 더 활활 타오르는 빛과 소금을 감당하는 역할을 조금씩 이뤄가고 있었다.

⇨ 《한 권을 읽어도 정약용처럼》이란 저서는 어떻게 탄생되었나요?

지난 2014년 송재환 선생님의 《초등고전 읽기혁명》을 읽고 큰 충격에 빠졌습니다. 제가 그동안 고민했던 교육을 그분은 이미 실현하고 있었기 때문입니다. 초청을 통해 연수를 들었고 그때부터 제 관점은 조금씩 변했습니다. 이지성의 《리딩으로 리드하라》, 《생각하는 인문학》을 읽으면서 더욱 고전의 세계에 깊이 빠졌습니다. 그리고 그것을 반드시 교육에 적용하고 싶다는 강렬한 소망이 있던 차에 정민의 책을 통해 정약용 선생님의 오학론을 발견하게 되었습니다.

- 박학(두루 넓게 배우기)

- 심문(자세히 질문하기)

- 신사(차분히 생각하기)

- 명변(밝게 판단하기)

- 독행(삶에 적용하기)

5가지 공부법을 깊게 연구했고, 동료교사들과 함께 그것을 새로 옮긴 학교의 전반적인 교육에 투입해보기로 했습니다. 1~2학년은 박학, 3학년은 심문, 4학년은 신사, 5학년은 명변, 6학년은 독행을 중점적으로 가르쳤습니다. 더욱 확고히 다지기 위해 사이버 직무 연수를 개발하기도 했습니다. 그 연구 결과가 바로 《한 권을 읽어도 정약용처럼》입니다.

⇨ **동화책 《피미 마을 짜이의 도전》은 어떤 저서인가요?**

이 책에는 두 편의 짧은 동화가 담겨 있습니다. 동화라는 장르를 꼭 써보고 싶었습니다. 마침 2015 국어 교육과정 개편에 따른 온 작품 읽기용 동화와 독후 활동을 개발하여 나온 작품이라 볼 수 있습니다. 이것도 정약용 선생님의 오학론을 토대로 1단계는 책과 친구 맺기, 2단계는 책 속으로, 3단계는 트리즈(창의적 모순 해결 방법), 4단계는 책으로 대화하기, 5단계는 삶 속으로 녹이는 독후활동을 제공하고 있습니다. 많은 사람이 공감하는 내용과 이성적인 이야기를 함께 나누고 싶습니다.

⇨ **숙명의 키워드는?**

저에게 있어서는 '은혜'입니다. 이어령의 《지성에서 영성으로》를 읽으면서 더욱 확고하게 자리 잡게 되었습니다. 2007년, 무신론자였던 그가 세례를 받기 위해 무릎을 꿇고 신자로 나아가는 장면에서 저 역시 그런 마음이 들었습니다. "오늘부터 저는 신자의 길을 걷습니다. 그동안 많은 직함을 갖고 여기까지 걸어왔습니다. 이제 새로운 길을 떠납니다. 이 길이 외로울 수도 있지만 신자로서 한 발 한 발 나아가고 싶습니다." 그의 고백은 저의 고백이기도 합니다. 개인적으로 승진 점수를 많이 모았지만 돌이켜보면 놓친 것들도 많음을 고백합니다. 그래서 SNS에 나름의 다짐으로 이런 글을 올린 적이 있습니다.

"이제 점수 관리하기 싫어졌다. 점수를 관리하면서 내면의 소리를 듣기 힘들어지고 아이들과 멀어지는 나를 봤기 때문이다. 다행히 2014년부터 인문고전 독서를 통해 자기성찰을 했고, 기독교 코칭을 통해 나의 내면을 봤기에 10년간 준비했던 점수를 이제 내려놓으려 한다."

제가 받은 은혜가 많기에 더욱 나누고 싶습니다. 그에 대한 비전으로 베트남 교육 선교를 꿈꾸고 있습니다. 우리나라에도 훌륭한 교육적 자원들이 많기에 이를 누리지 못하는 제3세계의 교육적 선교를 향한 꿈을 갖고 있습니다. 이를 실현하기 위해 성장의 끈을 놓지 않고 있습니다. 성장은 그것을 가능하게 하는 힘이 있기 때문입니다.

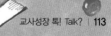

| 3부 |

# 교사가 책을 읽으면
# 아이들이 성장한다

# 1
## 기적의 독서, 교사의 관점이 바뀌다

"5분만 시간을 주십시오. 책을 다 읽지 못했습니다." 안중근의 말이 이제야 느껴진다.

"가장 싼 값으로 가장 오랫동안 즐거움을 누릴 수 있는 것, 바로 책이다." 몽테뉴의 즐거움을 이제야 알겠다.

"내가 평생 가장 좋아하는 것은 독서다. 밥은 하루 안 먹어도 괜찮고, 잠은 하루 안 자도 되지만, 책은 단 하루라도 안 읽으면 안 된다." 모택동의 독서 사랑에 공감한다.

"세상에서 가장 좋아하는 것은 책과 초밥입니다." 스티브 잡스와 책이야기로 하루를 다 보낼 수도 있다.

"내가 알고 싶은 것은 모두 책에 있다. 내가 읽지 않은 책을 찾아주는 사람이 바로 나의 가장 좋은 친구다." 링컨의 삶은 책으로 물들어 있음을 알게 되었다.

"한 인간의 존재를 결정짓는 것은 그가 읽은 책과 그가 쓴 글이다." 도스토옙스키의 삶은 책과 글로 채워져 있음을 알게 되었다. 나 역시 그런 시간을 보내고 있다.

"좋은 책을 읽는다는 것은 지난 몇 세기에 걸쳐 가장 훌륭한 사람들과 대화하는 것과 같다." 지금 당장 그 데카르트와 함께 대화할 수 있다는 것도 알게 되었다.

"남의 책을 읽어라. 남이 고생하여 얻은 지식을 아주 쉽게 내 것으로 만들 수 있고, 그것으로 자기 발전을 이룰 수 있다." 소크라테스 덕분에 그의 지혜를 내 것으로 만들고 있고, 자기계발을 톡톡히 하고 있다.

"얼마나 많은 사람들이 책 한 권을 읽음으로써 인생에 새로운 전기를 맞이했던가!" 헨리 데이빗 소로의 말처럼 내 인생은 완전히 탈바꿈되고 있었다.

책을 읽기 전에는 독서의 세계를 전혀 몰랐다. 책을 읽는다는 느낌은 연애의 감정과 같다고 하지 않던가. 연애를 해본 사람만이 그 감정을 알 수 있듯이 독서도 그런 것 같다. 한 번 빠지면 헤어나올 수가 없다. 어디를 가든 책과 함께하고 어떤 상황에서든 책을 펼쳐 읽고 있다. 독서는 단순히 글을 읽는 행위가 아니었다. 저자의 삶 자체를 읽는 것을 넘어 나의 삶을 읽게 된 것이다. 진정한 독서가는 삶으로 드러난다.

지난 2011년 10월부터 지금까지 책에서 손을 떼지 않고 있다. 우연히 읽게 된 이지성, 정회일의 《독서천재가 된 홍대리》가 나를 변화시킬

줄은 꿈에서조차 상상하지 못했던 일이다. 독서는 꿈을 연결해줬고, 꿈은 또 다른 도전, 삶의 의미, 더 나아가 궁극적인 삶의 즐거움으로 나를 이끌었다. 미처 나 스스로 발견하지 못했던 것들을 꺼내준다.

"하늘이 장차 어떤 사람에게 큰 임무를 내리려 할 때는 반드시 먼저 그의 마음을 괴롭게 하고, 그의 근골을 힘들게 하며, 그의 몸을 굶주리게 하고, 그의 몸을 곤궁하게 하며, 어떤 일을 행함에 그가 하는 바를 뜻대로 되지 않게 어지럽힌다. 이것은 그의 마음을 분발시키고 성질을 참을성 있게 하여 그가 할 수 없었던 일을 해낼 수 있도록 도와주기 위함이다."

《맹자》를 읽으면서 알게 되었다. 내 삶은 헛되지 않았다는 사실을. 오히려 내가 겪은 고난이 지금의 나를 위한 가장 귀한 선물이었음을 말이다. 그것을 알게 되니 그동안 부정으로 일삼았던 고난은 고통이 아닌 축복이었다. 매 순간이 감사함으로 다가왔고, 이 감사함이 결국 삶을 즐길 수 있는 여유를 선물했다.

"사랑한다면 안아주세요
성모가 하나뿐인 구세주를 안듯이
들어주세요
온 우주에 그 사람밖에 없는 것처럼
눈을 봐주세요.
언어를 잃은 두 영혼이 대화를 하듯이
같이 춤을 추세요.

마치 내일이 지구 마지막 날인 것처럼"

혜민 스님의 글을 정성껏 적었다. 처음 문구대로 나를 사랑스럽게 안아주었다.

누군가 묻는다. 매일 어떻게 이렇게 일찍 일어나는지, 힘들지 않냐고.

나는 대답한다. 그냥 즐겁다고. 단지 즐길 뿐이라고.

그래서 이른 새벽에 무엇이 즐거운지 적어봤다.

미라클 모닝이 즐겁습니다.

필사가 즐겁습니다.

성경 읽기가 즐겁습니다.

기도가 즐겁습니다.

스트레칭이 즐겁습니다.

새벽 글쓰기가 즐겁습니다.

감사일기 쓰는 것이 즐겁습니다.

학교 가는 것이 즐겁습니다.

아이들 보는 것이 즐겁습니다.

교육이 즐겁습니다.

밀알이야기를 기록하는 것이 즐겁습니다.

선생님들과 함께 나누는 시간들이 즐겁습니다.

업무가 즐겁습니다.

출퇴근을 위해 오고가는 시간이 즐겁습니다.

배움이 즐겁습니다.

기타 치고 노래 부르는 것이 즐겁습니다.

독서가 즐겁습니다.

육아가 즐겁습니다.

아내와의 대화가 즐겁습니다.

가족과 함께하는 시간이 즐겁습니다.

잠자는 시간이 즐겁습니다.

새벽에 일어나는 순간부터 잠들기까지 매일 이뤄지는 일들을 기억 속으로 따라가면서 작성하니 또 다른 즐거움으로 다가왔다. 나는 어느 순간 삶을 즐기고 있었나 보다. 이제 알게 되었다. 왜 그토록 수많은 성공자와 위인들이 삶을 즐기라고 외쳤는지 말이다. 삶을 즐기니 따라오는 것이 많았다. 사람이 따라오고, 책이 따라오면서 이 두 가지와 어우러진 삶을 살아가고 있다.

이제야 나를 제대로 된 사랑으로 안아주게 되었다.

이제야 나의 말을 제대로 들어주게 되었다.

이제야 나의 눈을 똑바로 바로 보게 되었다.

이제야 나와 함께 삶의 춤을 추게 되었다.

나는 책으로부터 새 삶을 선물받았다. 책을 써준 모든 저자들에게 가슴 깊이 존경의 인사를 드린다.

"고맙습니다."

## 2
# 교사가 책을 읽으면 아이들이 바뀐다

> 나는 독서매를 읽었다. 독서볼때에는 뒤를 잘알고 시청하고 뒤를 통해 이우 연도 사람들에 이야기다. 난 선생님이 가생각난다. 변돈에 신절으고 책에서 연도 자식을 큰선생들 이까 쓰기 때문이다. 써 선생님은 못된 사람에 저글 없었다면 엄청난 인물이 됐던것 같다. 그리고 여봐가 떠돈다. 책벌에에서 에대트이 한말 "현대란 99%가 땀이며, 나머지 1%가 영감이다." (18p) 엄감.. 영감에 뜻함을 깨닫는다. 그리고 난 월요일에 빌린 사랑자를 알려주는 패범또를 열었다. 노트정리도 내고 함께도 나섰다. 그런데 선생님야랑 감싸은이 많았다. 여섬도 없고 선절다. 나는 이책을 읽고 뒤볼때는 독서이 좋모임, 좋선생 시험를 알려주는 마 받으는 노랫기에 효모임, 금가생등을 열려한다. 읽었다. 뒤의 결실함을. ✕ 다리겐 99p를 읽어여지 ♥

"오늘부터 책을 제대로 읽기로 결심했다. 책을 읽어 책의 맛을 느끼도록 할 것이다."

"기분이 좋다. 스펜서 존슨의 《멘토》를 읽고 있다. 점점 책의 세계로 빠져든다. 다른 사람들은 어떨까? 난 신나는데. 스토리텔링 책은 정말 읽기도 쉽고 얻는 것도 많은 것 같다."

"《독서불패》를 읽었다. 그 책에는 독서를 진실로 사랑하고 독서를 통해 이익을 얻은 사람들의 이야기다. 독서의 중요성을, 필요성을 알게 되었다. 느껴진다, 독서의 절실함이."

"책에 조금씩 빠지고 있는 것 같다. 나는 원래 책을 싫어했는데 선생님 말씀을 듣고 책이 정말 흥미로워진다. 집에 있는 책을 읽으면서 뭔가가 느껴졌다."

"자연탐구대회를 다녀왔다. 지렁이에 대한 탐구였는데 잘 끝낸 것 같다. 다 끝나고 집에 와서 책을 고르던 중 지렁이에 대한 책이 있어 읽어보니 답이 다 들어 있었다. 그 책을 읽고 갔으면 더 잘할 수 있었을 텐데 아쉽다. 역시 책이 답이다!"

"독서를 하면 할수록 독서의 세계에 빠져들게 된다. 이런 게 독서의 힘일까?"

우리 친구들이 독서의 맛을 점점 알아가는 것 같아 기분이 좋다. 그 어떤 고백보다 독서의 느낌을 받았다는 말에 반갑다. 독서는 다른 것들을 전이시키는 강한 힘이 있기 때문이다. 단순한 텍스트 읽기를 넘어 저자 읽기, 자기 자신 읽기로 연결되는 진짜 독서가가 되고, 이를 통해 자신의 삶을 어렸을 때부터 가치 있게 가꾼다면 5년 후, 10년 후의 인생은 어떻게 바뀔까? 설레는 마음으로 기대하게 된다. 2011년 10월 교직생활 5년 차 끝자락에 아이들 앞에서 처음으로 책을 읽고 있었다. 박지성의《나를 버리다》표지를 보고 아이들은 이렇게 이야기했다.

"선생님! 박지성 선수도 책을 썼어요?"

"그럼, 지금 선생님이 읽고 있는데 정말 대단하지."

"그런데 갑자기 왠 책이에요?"

"선생님이 책을 읽으면서 느낀 게 많았어! 너도 이 책 읽어봐. 느끼는 게 많단다."

"선생님, 시간 없어 죽겠는데 무슨 책이에요. 농담도 참! 책은 한가한 사람이나 읽는다고 어디선가 들었거든요."

"그래? 각자 좋아하는 것이 다르니 강요할 수는 없지. 선생님도 32살이 돼서야 느낄 수 있었으니까. 그래도 지금이라도 느낄 수 있어서 참 좋다. 너도 꼭 책을 읽어보렴."

"그런데 박지성 선수가 뭐라고 해요? 한 소절만 들려주세요."

"이런 말을 하더구나. '아주 사소하고 보이지 않는 것일지라도 내 삶을 변화시킬 수 있는 큰 힘을 지니고 있습니다. 자기가 하고 있는 일에 몰두하고 즐겨야 합니다. 그래야 보이지 않고 그냥 스쳐 지나가는 사소한 계기도 내 것으로 만들 수 있습니다.' 어때 근사하지?"

"오, 축구만 하는 게 아니었네요. 좋은데요? 또 한 소절 없나요?"

"선생님이 개인적으로 좋아하는 구절인데 들려줄게. '행운을 요리하는 레시피가 있습니다. 우선 자신이 가진 잠재력을 도마 위에 펼쳐놓습니다. 목표의식으로 육수를 낸 국물에다 노력 한 큰술을 보태 끓여냅니다. 여기서 주의할 것은 노력이라는 재료가 잘 녹아들려면 쉬지 않고 저어줘야 한다는 것입니다. 예리한 직감을 넣어주는 것도 중요합니다. 신뢰와 헌신도 빠져서는 안 될 재료입니다. 내 입맛에만 맞추지 않고 모든 사람들에게 맞추려면 배려도 잊지 말아야 합니다. 그리고 마지막 비법 한 가지, 자신감 두 큰술이 들어가면 마침내 행운의 요리가 완성됩니다. 내가 자신 있게 말할 수 있는 것 한 가지는 내가 걸어온 길은 단지 우연이 아닌, 하나님이 함께하면서 만든 행복의 결과라는 것입니다.'"

"선생님, 저 이 책 좀 빌려주세요. 저부터 읽고 드릴게요. 괜찮죠? 가져갑니다~."

"그, 그래! 잘 읽으렴."

그 뒤로 아이들의 손에는 어느새 책 한 권씩이 들려 있었다. 아침 시간, 쉬는 시간, 점심시간까지 나와 아이들은 어느새 책으로 소통하고 있었다. 당시에는 몰랐다. 교사가 책을 읽으면 아이들이 함께 읽는다는 아주 쉬운 논리를 말이다.

"선생님, 선생님은 자신을 찾으셨나요?" 어느 날 문득 창수가 이런 질문을 했다.

"그럼, 선생님은 책을 읽으면서 깨닫게 됐어. 내가 왜 이 세상에 태어났는지 앞으로 어떤 삶을 살아가야 하는지를 말이지. 그런데 어떻게 그런 질문을 하게 되었니?"

"그냥 책을 읽다 보니 이런 문장이 있어서 잠시 생각해보다가 선생님은 어떠신지 궁금해서요."

"그렇구나. 너는 어때? 책이 너에게 유익한 것 같아?"

"네, 뭔가 조금씩 제가 보이는 것 같아요."

"꾸준히 찾으렴. 반드시 길이 열릴 거야."

"감사합니다. 선생님. 저는 반드시 저를 찾을 거예요."

교과 지식을 넘어 삶의 영역을 이야기하는 아이들이 하나 둘 늘어간다.


아침에 와서 칠판에 아이들에게 편지를 썼다.

"내가 나 자신을 가르칠 수 있을 때 배움은 보다 즐거운 것이 된다. 배움의 시작은 나를 발견하는 것입니다. 가장 중요한 '나'에 집중하세요. 그럼 내면의 목소리가 들립니다. 경청하세요. 그리고 실천하세요."

아이들과 한 목소리로 읽으면서 자신을 더욱 집중할 수 있도록 눈을 감고 잠시 생각에 잠겨본다.

"들리니? 내면에서 속삭이는 나의 목소리가. 이렇게 이야기하고 있단다. 넌 할 수 있어. 너의 힘을 느껴봐. 그리고 이미 그 힘을 깨달은 사람들의 소리를 들어봐. 그들은 책이라는 글자로 자신만의 깨달음을 적어놨어. 그것을 읽고 자기 것으로 만들어. 그것이 삶을 살아가는 노하우야. 책을 불러봐. 그러면 너에게 맞는 책이 올 거야. 그것을 읽고 실천해보면 돼. 아주 쉽지? 무엇이 중요한지, 무엇이 가치가 있는지를 생각해봐. 수많은 위인들은 책을 통해 자신을 발견했고, 그것을 풍성하게 다시 세상에 나눠줬지. 이제 너희들의 차례야. 너희들이 바통을 이어받으면 돼. 실수로 떨어뜨려도 괜찮아. 다시 주워 걸어가면 되니까. 바통을 꼭 이어받기를 바라."

우리 교실은 사방이 책으로 둘러싸여 있다. 이 중에 아이들의 정신에 한 획을 긋는 책이 있었으면 좋겠다. 그럼 내가 돌고 돌아온 38년이란 세월을 우리 친구들은 26년이나 아낄 수 있을 테니. 나는 오늘도 아이들과 함께 읽고, 읽고, 또 읽는다. 궁하면 변하고 변하면 통한다는 원리를 나는 알고 있다. 독서는 그것을 가능케 한다. 나부터 읽어간다. 책 읽는 소리가 반갑다.

# 3
# 독서를 통해 교실을 디자인하다

"누구에게나 정신에 획을 그어주는 책이 있다."

파브르의 이 말을 신뢰한다. 나 역시 그랬으니 말이다. 이 책을 다 읽을 때까지 아무런 느낌이 없다면 이것이 아닌 다른 책이 당신을 도와 줄 것이다. 아직 그 책을 만나지 못했을 뿐이다. 그러니 마지막까지 포 기하지 마라. 1%의 영감을 통해 99%의 노력을 가져올 수 있고, 99%의 노력을 통해 1% 영감을 얻을 수도 있다. 둘 다 옳다. 절대적인 것은 없 다. 수많은 위인들의 삶을 보라. 찌질이 같은 인생도, 절대 변할 것 같지 않은 인생도 독서를 통해 많은 사람들이 변화되었다. 지금 당신은 작은 체인지(Change)라는 변화를 통해 찬스(Chance)라는 기회를 얻었다. 이 책 을 읽고 있는 것이 바로 그 증거다.

내 경우는 운이 좋았다. 2011년 10월까지는 일 년에 책 한 권도 제대로 읽지 않았었는데 그 이후로 지금까지 독서를 할 수 있는 사람, 아니 해야만 하는 사람으로 변한 것을 보라. 나 같은 사람도 변화되었으니 당신도 충분히 할 수 있다. 아직 정신의 한 획을 긋는 책을 만나지 못했을 뿐이다.

과거의 팔삭둥이 조산아, 말더듬이 학습장애인, 희망이 없는 아이로 학적부에 기록되었던 사람이었으나 엄청난 독서를 통해 현재의 키워드는 명연설가, 노벨문학상 수상자, 세계대전의 영웅, 위대한 정치인으로 바뀐 사람도 있다. 누구냐고? 처칠 수상! 대부분이 잠들어 있는 일요일 새벽 2시 10분에 일어나 처칠의 모습을 필사(미라클 모닝 필사 57)하면서 나는 다짐했다. 절대로, 절대로, 절대로 포기하지 않는다고!

나는 아이들에게 학기 초부터 꾸준히 가르치는 것이 하나 있다. '포기'라는 말을 사용하지 말 것! 포기는 배추를 셀 때만 쓰는 것이라는 농담과 함께. 그와 동시에 이런 이야기를 해준다.

"애들아, 세상 속에서 살아간다는 것은 쉽지 않단다. 포기는 가장 쉬운 방법이란다. 포기하면 그만이거든! 선생님은 너희들이 세상에서 가장 쉬운 방법을 택하기보다는 다소 힘들더라도 불편한 방법을 선택하길 바란다. 그것이 바로 배우고 성장하는 비결이거든. '포기'라는 친구와 친해지면 친해질수록 계속 의지하게 된단다. 그러다 보면 삶에 구멍이 생기지! 작은 구멍은 어느새 커지고 커져 구멍을 메우기도 어렵게 돼. 그러니 절대 포기하지 마라! 편한 방법이 아닌 불편한 방법을 선택하길 바란다."

그러면서 만화책 슬램덩크에 나온 안 감독의 말을 그림으로 보여준다.

"포기하면 그 순간이 바로 시합 종료예요."

독서도 마찬가지다. 절대로 포기하지 마라. 여기서 다른 이들의 인생을 바꿔준 한 권의 책들을 소개하고자 한다. 그 전에 경험하고 읽었던 것들의 총합의 결과겠지만 그들의 삶을 뒤흔든 책인 것은 분명한 사실이니 본인의 삶에 대입해보기 바란다. 먼저 나는 《행복한 수업을 위한 독서교육 콘서트》에서 언급했듯 《독서천재가 된 홍대리》를 통해 독서에 입문했고, 《48분 기적의 독서법》을 통해 독서에 빠졌으며, 《포커스 리딩》을 통해 독서에 물든 삶을 살고 있다.

《선생님, 걱정 말아요》의 김성효 선생님은 정기원 선생님의 《365 열린 교실을 위한 학급경영》을 통해,

존 스튜어트 밀은 《회고록》을 통해,

에디슨은 앤드류 유레의 《기술, 제조업, 광업의 사전》을 통해,

《천로역정》의 존 번연은 그의 부인이 결혼하면서 가져온 지참금인 책 두 권을 통해,

《일독일행 독서법》의 저자 유근용은 군대에서 읽은 《가시고기》를 통해,

모택동은 《성세위언》을 통해,

김병완은 《익숙한 것과의 결별》을 통해,

마든은《자조론》을 통해,

마윈은 중국 작가 루야오《인생》에 나오는 "시련을 겪지 않고, 무지개를 보려하는가"라는 한 구절을 통해,

《본깨적》의 저자 박상배는《10미터만 더 뛰어봐》를 통해,

도전의 아이콘 레이손 카이라는 에이브러햄 링컨과 부커 T. 워싱턴의 책을 통해,

나폴레옹, 셰익스피어, 베토벤은《플루타르크 영웅전》을 통해,

링컨은《워싱턴 전기》,《톰 아저씨의 오두막집》,《성경》을 통해,

정약용은《천주실의》,《성호사설》을 통해,

헬렌 켈러는《일리아드》를 통해,

김대중은《역사의 연구》를 통해,

오프라 윈프리는《브루클린의 나무》를 통해 인생을 독서와 함께하면서 수많은 변곡점을 맞이했다. 수많은 위인들을 나열하자면 끝이 없다. 그만큼 독서는 정말 위대한 것이다.

오르한 파묵의 고백을 가슴 깊이 새겨보자.

"어느 날 한 권의 책을 읽었다. 그리고 나의 인생은 송두리째 바뀌었다."

아인슈타인이 말하는 진정한 독서를 가슴에 새겨보자.

"진정한 독서는 훈련을 통해 몸을 강하게 하듯 연습을 통해 생각을 강하게 하는 것이다."

나에게 거절의 미학을 이끌어준 조성희는《뜨겁게 나를 응원한다》
에서 '어슝어거 그어누기'를 통해 거절에 대한 걱정하지 말라고 이야
기하고 있다.

"어떤 사람은 승낙할 것이고,

어떤 사람은 거절할 것이다.

그래서 어떻다는 거냐.

누군가가 기다리고 있다."

나는 이를 독서와 연관 지어 이렇게 말하고 싶다.

"어떤 책은 (나를) 승낙할 것이요

어떤 책은 (나를) 거절할 것이다

그래서 어떻다는 거냐

누군가의 책은 (나를) 기다리고 있다."

그 단 한 권의 책을 만나길 바란다. 제2의 인생은 그때부터 시작될
것이다.

"눈부신 청춘,

1323세대인 사랑하는 나의 딸, 김하은에게!

너의 미래와 꿈을 응원하기 위해

아빠가 이 책을 썼다는 것을 알아주기를 바란다.

사랑한다, 우리 딸 김하은.

그리고 이제 곧 1323세대가 될 우리 아들 김우주!

이 책을 통해 아빠는 너희들에게

꼭 해주고 싶은 이야기를 할 수 있게 되어 기쁘단다.

이 책을 통해 제대로 된 독서법을 익히고 배워서

효과적인 독서를 할 수 있게 된다면

꿈을 이루고 훌륭한 인생을 살아가는 것은 충분히 가능할 것이다.

공부의 신보다는 독서의 신이 되어 너희의 아름다운 꿈과 미래를
스스로 개척하고 창조하며 하나씩 실현해 나가기를 바란다.
우리 딸과 아들처럼 1323세대인 독자 친구들도
모두 이 책을 통해 독서의 신이 되어, 꿈을 이루고
인생에서 기적을 만나게 될 것이라고 생각한다."

《오직 읽기만 하는 바보》 프롤로그에 앞서 저자 김병완은 위와 같
은 편지로 이야기를 시작했다. 나는 맥아더의 〈자녀를 위한 시〉에서도
감동받았지만 이 편지도 못지않았다. 독서의 참맛을 아는 아빠가 자녀
에게 해줄 수 있는 최고의 유산이 무엇인지 보여준 것이다. 바로 독서
력을 물려줘야 한다. 그러기 위해서는 독서습관이 뼛속까지 물들도록
하는 것이 중요하다.

수많은 책들에서 독서습관을 잡는 다양한 방법을 제시한다. 부모
가 먼저 본이 돼라부터 시작해서 함께 읽어라, 가족 독서시간을 마련
하라, 호기심을 활용해라, 질문을 해라, 마음을 흔들어라, 소리 내어 읽
어줘라 등 다양하게 제시하지만 정작 독서습관이 들지 않는 이유는 뭘
까? 독서만큼은 습관 잡기가 매우 어렵다는 뜻일 것이다.

이번에는 나와 우리 반의 독서습관을 뿌리 깊게 잡아준 3가지 방법
을 제시하고자 한다. 이 중에서 마음에 드는 것 하나만이라도 실천할
수 있다면 '독서습관'은 남의 것이 아닌 나의 것이 될 것이라 확신한다.

### 하나, 아이비 리 6가지 법칙

찰스 슈와브는 38살 때 '강철왕' 앤드류 카네기에 의해 채용되어 미국 최고의 철강회사인 '유나이트 스틸사'의 사장이 되었다. 그 후 그는 유나이트 스틸사에서 나와 적자에 허덕이던 '베들레헴 강철 회사'를 인수하여 5년 만에 크게 성공시켰다. 그는 회사의 효율성을 더욱 높이기 위해 컨설턴트로 경영능률 전문가인 아이비 리를 고용했다. 아이비 리는 그에게 한 가지 제안을 했다.

"당신 회사의 능률을 50% 이상 개선할 방법이 있습니다. 여기에 종이 한 장이 있습니다. 날마다 해야 할 일을 여기에 여섯 개씩 메모하세요. 그런 다음 중요도에 따라 번호를 매깁니다. 종이를 주머니 안에 넣으십시오. 내일 처음 해야 할 일은 1번입니다. 다음에는 2번입니다. 하루에 한 가지밖에 못 했다고 안타까워할 필요는 없습니다. 가장 중요한 일을 한 것이니까요."

아이비 리는 잠시 쉬었다. 그리고 이렇게 말했다.

"중요한 것은 꾸준히 하는 것입니다. 이 방법을 사원들에게도 알려주십시오."

그는 마지막으로 이렇게 덧붙였다.

"저의 제안이 효과가 있다고 생각되면 그때 타당한 비용을 지불하십시오."

슈와브는 아이비 리가 제시한 아이디어를 업무에 적용해보았다. 그리고 몇 주일 뒤 그는 컨설턴트인 아이비 리에게 감사의 편지와 함께 2만 5천 달러의 수표를 보냈다. 지금의 환율로 계산해보면 백만 달러에 가까운 거금에 달한다.

아이들에게 우선순위의 중요성을 직접 느끼게 하기 위한 방법을 고안하던 중 김태광의 《출근 전 2시간》, 조신영의 《성공하는 한국인의 7가지 습관》에서 아이비 리를 만나게 되었다. 만약 내가 목욕탕에 있었다면 아르키메데스처럼 "유레카"를 외치며 뛰쳐나왔을 것이다. 나는 단순하지만 강력한 것을 좋아한다. 아이비 리의 아이디어를 학급에 바로 적용했다. 아이들에게 위 이야기를 해주고 아침에 학교에 오면 A4용지 1/4에 다음과 같이 해보자고 했다.

1. 해야 할 일들을 자유롭게 적어본다.
2. 그중 6가지를 선택한다.
3. 중요도에 따라 1번부터 6번까지 순서를 적는다.
4. 주머니에 넣어 아침, 쉬는 시간, 점심시간, 하교시간, 집에서 생각날 때마다 꺼내 보고 하나하나 해나간다.

· 알림장 체크 ← ①

· 글똥누기 + 자기미션 ← ②

· 구강검진 ← ⑥

· 10분 독서 + 달력체크 ← ⑤

· 사회 발표 준비 ← ③

· 1인 1역 하기 ← ④

아이비리 6가지 법칙

2017.6.19.ㅎ

④ 독서 10분

② 미래에 나에게 편지쓰기

⑥ 문제집 풀기 (3장 이상)

③ 마니또 도미주기 (마니또 프로젝트)

① 시험지 (국어)

⑤ 독서독

매우 단순하지만 결과는 그 이상이었다. 이 활동을 통해 내가 잡으려고 했던 것은 우선순위에 대한 인식과 독서습관이었다. 나는 6가지 중 독서에 관련된 항목을 꼭 넣으라고 했다. 의식적으로 매일매일 책을 잡을 수 있는 기회를 주기 위해서였다. 아이들과 의논하여 '아이비 리 6가지 법칙'이라는 이름도 정했다. '아이비 리 6가지 법칙'을 하는 것부터 습관을 들이면 자동으로 독서습관은 따라오게 되어 있다. 내가 세세히 설명하는 이유는 나도 우리 반 친구들도 매우 큰 효과를 봤기 때문이다. 내가 제시하는 독서습관 만들기 프로젝트의 첫 번째는 바로 '아이비 리 6가지 법칙'을 적극적으로 활용하는 것이다.

**둘, 독서습관 달력**

조신영의 《성공적인 한국인의 7가지 습관》의 저서를 통해 습관의 중요성을 알게 되었고, 학급에도 많은 적용을 했다. 그중 독서습관을 위한 프로그램으로 '21일 프로젝트'를 활용했다. 이것도 아주 쉽고, 단순하다. 여기서는 하루 10분 책 읽기 미션이라고 가정해보겠다.

1. 오늘 하루 10분 책을 읽는다. 오늘 날짜 달력에 동그라미를 하고 숫자 '1'을 적는다.
2. 다음날도 임무 완수했다. 똑같이 동그라미를 하고 숫자 '2'를 적는다.
3. 셋째 날도 임무 완수 후 숫자 '3'을 적는다.

4. 넷째 날은 지키지 못했다. 날짜에 가위표를 하고 숫자는 '0'을 적는다.

5. 다섯째 날은 임무 완수. 동그라미를 하고 숫자는 다시 '1'부터 시작한다.

이런 방식으로 '21일 연속 지키기 프로젝트'를 실시한다. 습관이 들기 위해서는 21일간 규칙적으로 하는 것이 중요하다. 더 나아가 66일, 365일, 평생으로 확대하면서 체득화되는 것이다. 서로 동기부여가 되니 가족이 함께하면 더욱 좋다. 가족마다 개인 탁상 달력을 준비하는 것도 하나의 방법이다. 거실에는 가족 달력을 준비하여 '이름+숫자' 형식으로 표기해 나가면 서로 선의의 경쟁도 되어 매우 효과적으로 독서습관을 만들 수 있다. 가족 구성원이 모두 임무를 완수하면 별표를 한다. 가족회의를 통해 이것이 잘 실행되었을 때의 공동 보상을 논의해보면 활기가 넘칠 것이다. 개인 독서습관도 생기고, 가족 독서습관도 생겨 그 어느 가정보다 생기 넘치는 모습을 발견할 수 있게 될 것이다. 꼭 시도해보길 바란다. 독서 달력!

### 셋, 독서 마라톤

세 번째는 인근 도서관에서 운영하는 '독서 마라톤'을 활용하는 것이다. 지난 2013년 파주에 살 때 '독서 마라톤'이라는 것을 처음 알게 되었다. '독서 마라톤'이란 책 1페이지당 1m로 계산하여 페이지 합산 방식을 적용하여 흥미를 유발하고자 만든 독서 장려 프로그램이다. 지

역마다 코스가 다르게 운영된다. 여기서는 파주에서 실시했던 코스로
안내를 해보겠다.

- 풀코스: 42,195페이지
- 하프코스: 21,100페이지
- 단축코스: 10,000페이지

어느 날 아내에게서 문자가 왔다. "여보, 우리 두 명 독서 마라톤 하
프코스 신청했어요." 독서 기간은 총 9개월 동안 21,100페이지를 읽고
책 1권당 1페이지 독서록을 쓰면 된다는 것이다. 잠시 계산을 해보았다.

21,100페이지 ÷ 9개월 = 약 2,350페이지

2,350페이지 ÷ 30일 = 약 78페이지

하루에 80쪽 정도를 읽으면 된다는 계산이 나오니 도전해볼 만했다. 당시는 나름 독서습관이 형성되었을 때라서 자신도 있었다. 결론적으로는 우리 둘 다 미션에 성공해서 파주 시장의 글자가 새겨진 하프코스 인증서와 함께 메달을 받았다.

내가 그때 받은 진짜 선물은 독서력과 독서노트, 즉 초서의 중요성을 알게 되었다는 점이다. 그래서 2013년에 우리 반 아이들과 함께 독서마라톤을 실시했지만 교사인 나만 인증을 받았다. 그렇긴 했지만 내가 이런 실질적인 결과물을 받아 오니 아이들의 눈빛이 달라졌다. 2014년에는 전교생이 다 함께 독서 마라톤을 신청했다. 동기부여를 위해 내가 받은 인증서와 메달을 보여주면서 이런 말을 했다.

"여러분, 생각해보세요. 우리가 살면서 언제 시장상을 받아보겠어요? 여기 정말 쉬운 방법이 있네요. 우리가 늘 하고 있는 독서를 꾸준히 하고, 독서노트를 쓰면 9개월 뒤 선생님처럼 이렇게 시장상을 받을 수 있답니다. 상 자체가 중요한 것은 아니지만 눈에 보이는 목표가 있으니 더 재밌게 도전해볼 수 있지 않을까요?"

결과는 놀라웠다. 고학년들 몇 명은 하프코스를 완주해서 메달과 인증서를, 대부분은 단축코스를 완주해서 인증서를 받았다. 한 친구로부터 이런 문자를 받았다.

"선생님, 저 메달 땄어요. 이게 다 선생님 덕분이에요. 감사합니다."

그 친구는 2015년에도 완주를 해서 메달을 땄다는 소식과 함께 감사의 문자까지 보냈다.

"선생님, 감사합니다. 선생님 덕분에 독서를 알게 되었고 이렇게 메달과 인증서까지 받았어요. 제 인생 최고의 날입니다. 내년에도 독서 마라톤에 꼭 참가할 거예요. 선생님 사랑해요." 이 친구의 인생에서 독서가 삶의 일부가 되었다고 생각하니 너무 기쁘다. 앞으로의 인생이 더욱 기대된다.

파주를 떠나 다른 곳으로 이사한 뒤로는 개인 독서 마라톤을 하고 있다. 목표는 100권 읽기와 독서 마라톤 하프코스 21,100m! 매년 이것을 달성하고자 하니 쉬면서 독서하고 독서하면서 쉬는 등 틈새 시간까지 활용하여 나만의 목표 달성을 위해 노력한다. 블로그와 에버노트에 독서 목록을 작성하면서 즐겁게 임하고 있다.

아이비 리 6가지 법칙, 독서습관 달력, 독서 마라톤 등 마음에 드는 것 한 가지를 실천하는 것으로 시작해보자. 독서습관을 삶에 뿌리내릴 단비가 될 것이다. 그 단비를 맞으면 그 뒤로 인생은 변하게 된다.

# 5
# 인문독서 1만 시간의 법칙을 발견하라

내가 재직하고 있는 학교에는 매년 '나의 꿈 발표대회'를 실시한다. 아이들이 저마다 나와서 다양한 방법으로 자신의 미래의 모습을 표현한다. 어느 날 한 친구가 발표 중에 이런 이야기를 했다.

"선생님, 저는 꿈을 위해 하루에 30분씩 독서를 하고 있습니다. 그래서 1만 시간의 법칙을 반드시 이뤄 꿈을 이룰 것입니다."

나는 발표를 다 듣고 궁금한 점을 질문했다.

"하루 30분으로 1만 시간의 법칙을 만든다고 했는데, 과연 몇 년이 걸릴 것 같니?"

"대략 10년이면 되지 않을까요?"

"과연 그럴까? 우리 잠시 수학을 해보도록 하자."

나는 칠판에 간단한 곱셈식을 적기 시작했다.

30분 × 365일 = 10,950분

10,950분 ÷ 60분 = 182.5시간(1년 투자 시간)

10,000시간 ÷ 182.5시간 = 54.8년

지금 나이 12살(5학년) + 55살 = 67세

아이들과 함께 계산해보니 하루 30분 독서가 1만 시간을 이루는 나이는 67세였다. 농담으로 "67세 때 멋진 꿈을 이루겠구나!" 하며 다 같이 한바탕 웃었다.

2008년 말콤 그래드웰의 《아웃라이어》에서 소개된 '1만 시간의 법칙'으로 후천적 노력의 중요성이 강조되었다. 대니얼 코일의 《탤런트 코드》의 '심층 연습'과도 연계되어 있다. '1만 시간의 법칙'은 어떤 분야에서 전문가가 되려면 최소 1만 시간이 필요하다는 이론이다. 우리는 보통 하루에 3시간씩 10년 동안 집중하면 1만 시간을 통해 전문가가 될 수 있다고 말한다. 하지만 대부분 그것을 아는 것에 그친다. 강력한 동기부여가 되지 않으면 실천으로 이어지는 것까지는 먼 나라 이야기다. 나는 실천의 어려움을 이야기할 때면 신영복 선생님이 말하는 「가장 먼 여행」이 떠오른다.

"인생의 가장 먼 여행은
머리에서 가슴까지의 여행이라고 합니다.
냉철한 머리보다 따뜻한 가슴이
그만큼 더 어렵기 때문입니다.

그러나 또 하나의 가장 먼 여행이 있습니다.
가슴에서 발까지의 여행입니다.
발은 실천입니다.
현장이며 숲입니다."


초등, 중등, 고등학교까지 우리는 배움이라는 멋진 명목하에 많은
시간을 공부하는데 아이들의 행복도는 왜 늘 OECD 국가 중 최하위를
벗어나지 못할까? 우리나라 교육의 정곡을 찌르는 미래학자 앨빈 토플
러의 말을 다시 한번 되새겨본다.

"한국 학생들은 하루 열다섯 시간 동안 학교와 학원에서 미래에 필
요하지 않은 지식과 존재하지도 않을 직업을 위해 시간을 낭비하고 있
다."

억.지.공.부! 나는 이것을 이렇게 칭하고 싶다. 머리에까지는 잘 들
어가나 가슴으로 발끝으로 연결되지 않는 억지공부 때문에 아이들의
행복도는 점점 줄어들고 있다.


"세상에서 제일 재미있는 일은?"

이 질문을 받는다면 당신은 어떤 대답을 하겠는가? 《웅크린 시간도
내 삶이니까》의 저자 김난도 교수는 이렇게 대답한다.

"성장!"

나 역시 성장이라는 느낌을 받을 때마다 행복 호르몬이라고 불리는
세로토닌이 온몸을 감싸는 느낌을 받는다. 링컨은 성장의 필요성을 알

앉던 사람이다. 그래서 "나는 더디게 가는 편입니다. 하지만 뒤로 가지는 않습니다"라는 명언을 남겼다. 앙드레 말로 또한 "오랫동안 꿈을 그리는 사람은, 마침내 그 꿈을 닮아간다"는 말로 꿈의 성장의 중요성을 이야기했다. 아인슈타인은 더 무서운 어조로 이야기했다. "어제와 똑같이 살면서 다른 미래를 기대하는 것은 정신병 초기증세다."

성장이라는 것은 뭔가를 이루게 만든다. 대문호 괴테는 뭔가 위대한 것을 이루는 비결이 '독서'라고 말해준다.

"사람이란 뭔가를 이루려면, 우선 뭔가가 되어야 한다. 뭔가 위대한 것을 이루려면, 그 전에 자신의 교양을 높이 쌓아야 하는 법이고, 그 길을 가는 데 가장 빠른 길이 바로 독서다."

우리 교육에는 독서가 철저하게 빠져 있다. 자리에 있어야 할 중요한 것은 사라지고 교과서라는 틀 속으로 계속 집어넣는 오류를 범하고 있다. 만약 초등학교부터 고등학교까지 아이들 개개인이 선호하는 학문을 찾아 매일 3시간씩 시간을 쓸 수 있도록 학교에서부터 환경을 만들어주고 더 나아가 가정으로까지 연계되는, 하나로 이어지는 교육이 가능해진다면 아이들의 행복지수는 어떨까? 과연 앨빈 토플러가 그러한 한국 교육을 위와 같이 비판할 수 있을까?

교육을 바꾸자는 목소리를 더하는 것이 이 책의 목적은 아니니 진정한 교육이 어디로 흘러가야 하는지에 대한 물음표를 던질 뿐이다. 나 역시 일선 학교에 있지만 이것만큼은 논하기가 쉽지 않다. 그러나 이것 한 가지만은 확실하게 이야기할 수 있다. 교육을 바라볼 때 제도적으로 뭔가가 바뀌는 것을 해결책으로 단정하고 무작정 기다리지 말고, 가정에서 그리고 내가 운영하는 학급에서 충분히 다룰 수 있다는 것이다.

독서의 중요성을 아는 가정은 아이들에게 독서할 수 있는 여건을 충분히 만들어준다. 독서의 중요성을 체험한 교사는 학급에서 독서가 이루어지도록 삶으로 보여준다. 성적이라는 점수의 노예가 아닌 진정한 인생 점수를 얻을 수 있는 기회를 책을 통해 제공하는 것이다. 물론 대부분 이런 곳에는 독서하는 부모와 교사가 먼저 자리 잡고 있다. 박경철, 안철수는 중학교 3년까지 이어 왔던 수천 권의 독서량이 훗날 더욱 빛을 발하고 있지 않은가!

"독서력이 있다는 것은 독서습관이 배어 있다는 뜻이기도 하다. 별 부담 없이 책을 잡을 수 있고 일상 속에서 자연스럽게 읽을 수 있는 독서가 습관화가 된 힘, 바로 이것이 독서력이다."

《독서력》의 저자 사이토 다카시 교수의 말이다. 나는 아이들이 미래를 열어가는 데 필수적인 힘은 이 '독서력'에서 나온다고 생각한다. 그렇기 때문에 하루에 최소 10분을 넘어 30분, 1시간 이상 독서하는 데 시간을 쓸 것을 강조한다.

1만 시간을 향해 가다 보면 크게 3가지 변곡점을 만나게 된다. 첫 번째는 독서의 즐거움을 느끼는 시점, 두 번째는 다독의 힘을 느끼는 시점, 세 번째는 글을 쓰고 싶다는 시점이다. 이것을 뉴턴의 운동법칙을 통해 알아보면 다음과 같이 적용할 수 있다.

### 제 1법칙 독서 관성의 법칙

긍정적 사고를 위한 독서를 통해 부정적인 생각이 들어오지 않도록 않다. 긍정적인 생각으로 나를 가득 채우면 내공이 쌓여 결국 부정적인 소리에도 쉽게 흔들리지 않는 나를 발견하게 된다.

### 제 2법칙 독서 가속도 법칙

점점 책 읽는 속도도 붙고, 문제해결에 있어서 다양한 관점으로 바라볼 수 있는 능력이 생긴다. 다양한 이질적인 사고들이 하나로 엮어지는 통섭에 이르게 된다. 독서에 가속도가 붙으면서 점차 가치 있는 삶에 가속도가 생긴다.

### 제 3법칙 독서 작용, 반작용의 법칙

작용의 힘과 반작용의 힘의 크기는 비례한다. 나에게 나온 긍정의 에너지는 같은 크기의 긍정의 에너지로 돌아오고, 부정의 에너지는 부정의 에너지로 내 인생에 돌아오게 되어 있다. 출이반이(出爾反爾) '자신에게 나온 것은 자신에게 돌아간다는 것'과 같은 이치다. 독서가 삶의 긍정적인 영향으로 되돌아온다.

독서에 있어서도 1만 시간의 법칙을 적용하라. 그러면 나의 가치를 발견할 수 있을 것이다. 그 가치는 누구도 측량할 수 없을 정도로 나를 더욱 성장시킬 것이다. 애벌레가 하루에 1m 가는 것은 정말 많은 힘이 필요하지만, 성장을 통해 나비가 된 후에는 날갯짓 한 번만으로도 가능해진다. 애벌레 이전에는 나비가 된 자신의 모습을 상상조차 할 수 없지만 인고의 시절인 번데기의 숙성 기간을 거친 후에는 멋진 나비의 모습으로 활짝 날갯짓하고 있는 자신의 모습을 발견할 수 있을 것이다. 《꽃들에게 희망을》에서 이야기하는 것처럼 하나의 애벌레로 사는 것을 기꺼이 포기할 만큼 날기를 간절하게 원하면 반쯤 성공한 것이다.

힐튼 호텔 창업자인 콜래드 힐튼의 말 또한 명심하자. 당신은 지금 거리에 던져진 쇠막대기일 뿐이지만 1만 시간의 독서를 통해 이것이 어떻게 변하는지를 기쁘게 상상해보길 바란다. 당신은 그 자체만으로도 매우 가치가 있다.

"여러분, 대장간에서 아무렇게 나뒹굴고 있는 쇠막대기로 말발굽을 만들면 그 가치가 2배로 상승합니다. 바늘을 만들면 67배, 면도날을 만들면 657배, 고급 시계에 들어가는 스프링을 만들면 5만 배가 상승합니다."

## 6

# I CAN DO IT 법칙: 평생 독서의 힘을 키우는 7가지 법칙

현대 경영학을 창시한 학자로 평가받고 있는 피터 드러커는 3년마다 주제를 바꿔가며 책을 읽고 공부하고 집필하며 그의 저서 중 2/3는 60세 이후에 쓰였다고 한다. 심지어는 90세가 넘는 나이에도 《NEXT SOCIETY》를 저술하는 등 평생 현역으로 산 증인이다. 은행원이었던 그가 그러한 것들이 가능했던 것은 다름 아닌 독서 덕분이었음을 여러 저서에서 고백하고 있다. 제대로 독서하기로 마음먹은 후 그것에 집중하니 에너지가 다양한 곳으로 전이된다.

나 역시 그를 본받아 다양한 주제로 확장하면서 교육에 접목시키고 있다. 다양한 분야에 도전할 수 있는 실행력을 갖추게 되었고, 오히려 여러 이질적인 것들이 교육으로 하나가 되는 것을 느끼곤 한다. 초등학교 시절부터 독서가 삶에 뿌리를 내린다면 미래가 어떨지 기대되지 않는가? 초등학교 저학년 때는 동화책이 주가 되었다면 점점 성장하면서 소설, 문학, 철학, 자기계발, 역사, 문화, 자연과학 등으로 확대될 것이다. 여기 한 사람을 소개한다. 그의 삶이 독서로 어떻게 만들어지는지 들어가보자.

하시모토 류타로는 제84대 일본 총리를 지낸 정치가다. 그는 12선 국회의원이며 4개 부처의 장관을 역임하기도 했다. 그는 총리로 있으며 행정 개혁과 경제구조 개혁을 추진하여 국민들의 호응과 사랑을 받았다. 그가 정치인으로서 50년 동안이나 일본인들의 지지를 받을 수 있었던 것은 아주 탁월한 독서 지도사, 그의 아버지가 있었기 때문이다. 아버지 하시모토 류고는 아들이 학교에서 배우는 교과서 외에 다른 책도 많이 읽도록 적극적으로 장려했다. 저녁식사가 끝나면 가족이 모두 모여 책을 읽는 시간을 가졌다. 각자 읽는 책은 달랐지만 독서습관은 똑같았다. 류고는 아들에게도 자주 어린이 책을 사줬다. 하지만 그는 아들에게 책 읽는 방법을 시시콜콜 알려주지 않았다. 그저 자신이 솔선수범해서 읽었고 아들도 자연스럽게 책을 읽도록 했을 뿐이다. 덕분에 아들 류타로는 어릴 때부터 책 읽는 것을 좋아했다. 특히 류고는 아들에게 "학교에서 배우는 교과서 외에 다른 책도 많이 읽어라"라고 자주 말했다. 독서는 학교 공부에 보충제와 촉진제 역할을 했고 점차 류타로의 가장 큰 취미가 되었다. 어린 시절의 하시모토 총리를 잘 아는 사람들의 말에 의하면 학창 시절 성적은 중간 정도였지만 유명한 책벌레였다고 한다.

아무리 바빠도 한 달에 열 권에서 열다섯 권 정도는 읽었다고 하는데, 1년에 적어도 120권, 많게는 180권의 책을 읽었다는 뜻이다. 어린이, 청소년 시절을 거치며 10여 년 동안을 읽었다면 아무리 적게 잡아도 고등학교 졸업 전에 최소한 천 권은 넘게 읽었다는 계산이 된다. (중략) 결국 자기 자신은 어디에 서 있고 지금 어디로 가야 하는 것인지도 넉넉히 가늠할 수 있게 되었을 터. 그는 이미 대학에 들어가기 전부터 자기 삶의 최종 도착 지점이 어디쯤인지 언제쯤 그곳에 도착하리란 것까지 짐작했을 것이다.

그의 아버지는 그에게 책을 집어 들게 한 것이 아니라 세상을 집어 들게 한 셈이다. 책을 읽게 한 것이 아니고 세상을 읽고 자신을 읽게 한 것이다. 즉 꿈을 보여준 것이다. 그 결과로 아들은 일본의 총리가 되었으며 탁월한 업적을 남긴 총리로 평가받고 있다.

강헌구 《파더십》에서 만난 류타로 이야기를 통해 핵심 포인트 4가지를 뽑아봤다.

1. 교과서 이외의 다른 책도 읽도록 적극 권장했다는 점
2. 저녁 식사 이후 모두 모여 책 읽는 시간을 가졌다는 점
3. 부모가 먼저 솔선수범해서 책 읽는 모습을 보여줬다는 점
4. 초등학교 시절부터 책벌레가 되어 고등학교 졸업 때까지 대략 천 권의 독서를 했다는 점

교과서라는 생각의 틀을 벗어나 부모가 독서, 토론하는 모습을 보여주는 것으로 류타로에게 독서에 대한 즐거움, 습관을 물려주었더니 훗날 일본의 훌륭한 총리가 되지 않았던가. 우리가 부모로서 가져야 할 4가지 요소가 이곳에 모두 녹아 있다고 생각한다. 스펜서 존슨의 《부모》를 감명 깊게 읽었다. 너무 감명 깊은 나머지 우리 반 부모님께도 읽어볼 것을 권해드렸는데, 어느 날 이런 문자가 도착했다.

"선생님, 진정한 부모의 역할을 알게 되었습니다. 무엇보다 윈(W.I.N) 방법을 매일 써보고 있습니다. What's Important Now?(지금 가장 중요한 것은 무엇인가?) 이 방법을 쓰면서 내 삶도 찾고 우리 아이의 삶도 찾고 있어서 매우 행복합니다. 1분 훈계를 통해 아이에게 조언도 쉽게 할 수 있고 감정을 상하지 않으면서 관계가 개선되는 효과를 볼 수 있어 정말 좋습니다. 매우 감사합니다."

나 역시 이 책을 읽고 매시간 윈(W.I.N) 방법을 되새기는 훈련을 하고 있다. 더 나아가 '지금 아이들에게 가장 중요한 것이 무엇인지' 고민해보니 '독서'로 귀결되었다.

'그래, 아이들에게 있어서 가장 중요한 것은 바로 독서를 자기 것으로 만드는 것이야.'

방향은 나왔지만 방법은 몰랐던 나는 여러 노하우가 담긴 책들을 더 읽기 시작했다. 그 결과 여러 책에서 중요한 것들을 담아 내 것으로 만들 수 있었다. 여기 아이 캔 두잇(I C.A.N DO IT) 법칙을 소개하고자 한다. 나는 할 수 있다는 마음으로 매 순간 '아이 캔 두잇'을 외치며 살아가고 있다.

I  'I' 메시지! 대화법에 주로 쓰이는 기법이지만 여기서는 책 속에 있는 긍정의 말들을 나에게 무한 공급해주자는 것이다.

C  Character! 책 속에서 나만의 개성을 찾을 수 있다. 책이 책을 연결해주는 힘을 발견하면서 나다움을 발견할 것이다.

A  Affomation! 기법을 활용하라. 노아 세인트 존은 힘 빠지는 질문이 아닌 힘 나는 질문을 통해 인생이 바뀐다고 이야기한다. 나를 위한 긍정적인 질문을 계속하는 것이 중요하다.

N  No pain no gain! 노력 없이 이뤄지는 것은 없다. 부단한 독서는 멋진 성장을 선물할 것이라는 기대감을 갖고 끊임없이 노력하라.

D  To do list! 책을 읽다 보면 번뜩이는 아이디어가 떠오르면서 하고 싶은 일들이 생긴다. 나만의 버킷 리스트를 만들어 그것을 이뤄가다 보면 인생이 더욱 즐거워질 것이다. 실천 노트에 부단히 적도록 하자. 투 두 리스트(To do list)를 넘어 하우석 작가가 《내 인생 5년 후》에서 강조하는 투 비 리스트(To be list)를 적게 되는 자신을 만나게 될 것이다.

O  Over of priority! 삶의 우선순위에 반드시 독서를 넣어 내 안의 에너지를 가득 채워라. 그러면 독서습관도 잡고 삶의 원동력도 발견할 것이다.

I  Inner voice! 좋아하는 일을 찾아 내면의 소리(Inner voice)에도 귀를 기울이자! 독서의 즐거움을 느끼는 순간 인생의 즐거움도 함께 느낄 수 있을 것이다.

T  Talent! 재능에 재능을 더하라. 숙명의 키워드를 발견하여 진정으

로 자신에게 맞는 재능의 옷을 입게 될 것이다. 그것이 나를 한층 더 성숙하게 만들 것이다.

초등 독서에 뿌리를 잘 내려 견고하게 하면 새로운 싹들이 움터서 줄기, 열매를 맺기까지 그 어떤 어려움에도 흔들림 없이 자랄 수 있다. 평생 독서는 그렇게 형성되어 간다. 단지 눈으로 책을 읽는 것이 아니라 심장이 느끼고, 그것을 토대로 실천하는 것. 이러한 삶이 바로 평생 독서의 목적이다. 유대인은 끊임없이 배우기 위해서는 배움을 즐기라고 말한다. 배움의 즐거움은 독서를 통해 더욱 확고히 다질 수 있다.

나는 우리 아이들이 독서를 통해 길을 찾기를 원한다. 링컨 대통령도 《톰 아저씨의 오두막》을 통해 노예해방을 꿈꿔왔고 결국 이뤄냈듯이 독서는 아이들의 꿈과 희망을 현실로 만들어줄 가장 강력한 도구임이 분명하다. 초등학교 시절에 갖춰진 독서습관은 반드시 남과 다른 미래로 인도해줄 것이다. 나의 소망 역시 평생 독서가의 길을 걷고 싶다는 것이다.

"독서의 힘을 요즘 제가 느끼고 있어요. 내가 너무 무지했구나! 모르니까 안 읽으니까 모르고 살았어요. 내일도 우리 함께 독서해요."

100일 동안 33권 읽기 프로젝트에 참여하여 지금은 책.바.침(책에 나를 바치다) 어머님 독서모임을 운영 중인 이어은 님의 고백이 우리의 고백이 되길 바란다.

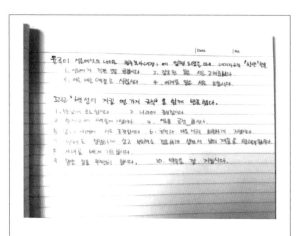

독서의 힘을 요즘 제가 느끼고 있어요.
내가 너무 무지했구나!
모르니까 안 읽으니까 모르고 살았어요.
·
·
·
내일도 우리 함께 독서해요!

나는 정말 '축복받은 1인' 중 한 명이다. 요즘 손에 들린 책마다 내게 지혜를 가져다주기 때문이다. 감히 지혜의 영역을 언급한다는 것이 쉬운 건 아니지만 매일 책을 통해 내 인생 역사의 한 페이지씩을 만들어가고 있다. 그것이 나의 삶을 더욱 살찌우는 것은 분명하다. 세상과 소통할 때 충분히 활용하고 있다.

　이 주제를 넣을지 뺄지 고민했는데, 이유는 순전히 나에게 적용된 책들이기 때문이다. 답을 준 것은 주변 사람들이었다. 작은 모임을 운영하면서 알게 된 것이 많은 사람들이 책을 읽고 싶어도 어떤 책을 읽어야 할지 몰라 시도조차 못 한다는 사실이었다. 그러다 보니 이런 이유, 저런 이유를 대다 시간만 간다. 나는 추천도서 대신 내가 좋아하는 작가의 글 속에서 책을 발견하여 그 책들을 하나하나 따라간다. 작가의 성향과 내가 맞으면 저자가 감명깊게 읽은 책들 또한 나와 잘 맞는다. 그래서 여론에서 부각되는 베스트셀러 위주의 추천도서보다는 스테디셀러를 주로 구입하여 읽는다. 가능하면 모두 구입한다. 새 책이든 중고책이든 상관없다. 내 책으로 만드는 것이 중요하다. 책을 읽으면서 모퉁이를 마음대로 접을 수 있고, 밑줄 긋고, 메모하다 보면 새로운 책으로 변신한다. 세상에서 유일한 나만의 책이 되는 것이다. 도서관에서 읽다가 소장 가치가 있다고 판단되면 스마트폰을 열어 그 자리에서 바로 구입한다. 얼마나 편한 세상인가? 쉽게 책을 구입하고 읽을 수 있는 풍성한 세상 속에서 살고 있다. 책 읽기 정말 쉽다!

많은 사람들이 박경철의 《자기혁명》을 읽고 좋았다고 하고 베스트셀러기도 해서 사서 읽었는데 이상했다. 처음 읽었을 때는 무슨 말인지 전혀 알 수가 없었다. 전혀 감동이 남지 않아서 기분이 묘했다. '남들다 좋다는 책인데 나에게는 감동이 없을 수도 있겠구나'를 몸소 체험하게 되면서 그 뒤로 선뜻 다른 이들에게 책을 추천해주기가 어려웠다. 2년이 지나 하은맘의 《불량육아》를 읽다 그녀의 추천도서 목록에 있는 그 저서를 다시 꺼내 들었다. 느낌이 전혀 달랐다. 내 의식이 조금 성장해서인지 한 구절 한 구절 가슴에 팍팍 다가왔다. "세상의 모든 문제는 내게서 출발하고, 그 답 역시 내 안에 있다"는 그의 말이 그 어느 때보다 나에게 다가왔기에 한동안 그 책에 푹 빠져 살았다.

변화의 갈망을 준 스펜서 존슨의 《누가 내 치즈를 옮겼을까?》를 읽고 독서토론을 했는데 한 선생님께서는 이런 말씀을 하셨다.

"이 책이 왜 세계적인 베스트셀러인지 도통 모르겠어요. 그냥 쥐들의 이야기를 읽은 기분만 들더라고요. 변화의 말은 좋았는데 저에게 다가온 것은 전혀 없었어요."

나를 변화시킨 한 권의 책이 다른 사람에게 똑같이 적용될 리 없다. 우리 각자 살아온 길이 다르니 절대로 같을 수 없다. 이것을 알면서도 용기 내어 내가 걸어온 발자취를 공개한다. 누군가에게는 어둠 속 작은 등대가 될 수도 있으리라 생각하기 때문이다. 교사를 초점으로 했다. 이 저서를 쓴 첫 번째 목적이 바로 우리 교사의 자존을 위한 것이기 때문이다. 크게 3가지 파트로 추천한다. 자존, 독서, 교육! 하나하나 핵심만 잡아본다.

## 1. 자존

세상을 알기 위해서는 자신이 지금 서 있는 위치를 알아야 한다. 하지만 많은 교사들이 방향을 잃고 그저 앞으로만 나아가고 있다. 그러기에 쉽게 흔들리는 것이다. 뿌리를 견고히 다져야 10년, 20년, 30년이 넘는 교직 생활을 아이들과 알차게 생활할 수 있다. 자존이란 친구를 반드시 만나야 한다!

### 하우석 《내 인생 5년 후》
저자 자신이 살아온 이야기와 수많은 일화를 통해 내 인생의 5년 후를 더욱 기대되는 삶으로 만드는 조언들이 가득하다. 원대한 꿈과 담대한 목표를 세우고, 그것을 향해 최소 5년은 일로매진하라는 저자의 강한 메시지를 느낄 수 있다. "내 가슴 속에 밀려드는 사랑과 함께 아름다움의 빛을 경험한다면, 그 가슴에 불을 지르고 끝나지 않을 때까지 나를 태우리라. 내 눈에 빛이 뿜어져 나오는 그 순간을 기꺼이 즐기리라." 제2의 미켈란젤로가 된 자신을 만날 수 있을 것이다.

**나폴레온 힐 《놓치고 싶지 않은 나의 꿈 나의 인생》**

"훗날 윌슨 대통령은 이 성공 철학이야말로 대전을 치르는 데 가장 중요한 재산이며 힘이었다고 말했다. 이처럼 이 책에 나오는 내용을 공교육 기관이나 대학 등에서 교육 내용으로 채택한다면, 그 효력으로 현재 교육에 소비되고 있는 시간이 줄어들 것이라고 자신 있게 말할 수 있다." 이 저서에 나온 13단계 성공 비법을 통해 삶의 자신감을 얻을 수 있다. 어느 순간 나는 성공자 반열에 올라와 있을 것이다.

**박웅현 《여덟 단어》**

"지혜로운 사람들은 선택한 다음에 그걸 정답으로 만들어내는 것이고, 어리석은 사람들은 그걸 선택하고 후회하면서 오답으로 만들죠. 후회는 또 다른 잘못의 시작일 뿐이라는 걸 잊고 말입니다." 제목 그대로 8가지의 단어를 만나게 된다. 자존, 본질, 고전, 견, 현재, 권위, 소통, 인생. 나아가 돈오(頓悟) 갑작스럽게 깨닫고 그 깨달은 바를 점수(漸修), 점차적으로 수행해가는 자신을 발견할 것이다.

### 은지성 《생각대로 살지 않으면 사는 대로 생각하게 된다》

"우리는 매 순간 수많은 점을 찍으며 살아갑니다. 그 점들은 선으로 이어져 당신의 미래에 도달합니다. 하나의 점은 작고 초라하지만 모이면 큰 힘이 됩니다. 꿈과 희망도 그러합니다. 잊지 마세요. 민들레 홀씨 하나가 큰 숲을 이룹니다." 표지에 나온 문구처럼 민들레 홀씨가 될 수 있다. 제목처럼 생각대로 사는 사람들을 만나고, 그렇게 되어가고 있는 자신을 만난다.

### 김종원 《사색이 자본이다》

"우리는 눈물과 땀을 비처럼 흘리지 않은 사람의 인생에는 절대 무지개가 뜨지 않는다는 진리를 잊지 않아야 한다. 눈물이 없는 눈에는 무지개가 뜨지 않는다. 성장하고 싶다면 매일 당신이 마주하는 것들과 진실로 소통하라. 그리고 자신이 원하는 결과가 나올 때까지 절대 멈추지 마라. 오늘도 살아 있다는 사실을 증명하는 멋진 하루가 되기를 소망한다." 진짜 눈물을 만나게 된다. 나는 이 저서로 세상을 바라보는 눈을 얻었다. 사색의 강력한 힘을 느껴보길 바란다.

### 강헌구 《아들아 머뭇거리기에는 인생이 너무 짧다》

40대가 넘어서 발견한 비전이란 한 줄기의 빛. 그것을 시작으로 총 5권의 시리즈로 수많은 이들에게 꿈과 희망을 선물했다. 비전, 커뮤니케이션, 리더십, Bodymind, 민주시민 등 수많은 이야기로 이야기를 전개하기에 쉽게 읽고 쉽게 얻을 수 있는 것들이 많다. "그들은 내가 가진 모든 것을 송두리째 빼앗아 갔다. 그러나 아직도 나의 태도를 선택하는 힘은 나에게 있다." 빅터 프랭클이 말한 나의 인생을 선택하는 진정한 자신을 만날 것이다.

### 김병완 《김병완의 인생 혁명》

흔들리지 않는 40대를 위한 진정한 메시지가 담겨 있다. 3년간 천 권의 책 읽기, 나무처럼 물처럼 구름처럼 살기, 삶의 온도 높이기, 바쁜 삶의 허무함을 경계하기, 자기 경영의 대가 되기 등 50가지의 인생 노하우를 한 권의 책으로 담았다. 3년간 1만 권을 읽고, 그 뒤 3년 동안 50권의 책을 집필한 저력이 있는 그의 삶의 노하우를 쉽게 배울 수 있는 절호의 기회다.

### 김난도 《아프니까 청춘이다》

이 책을 읽고 4가지를 만났다. 나태함, 운동, 오늘, 자존! 그의 조언을 그대로 들어본다.

"일, 나태를 즐기지 마. 은근히 즐기고 있다면 대신 힘들다고 말하지 마.

이, 몸을 움직여. 운동하고 사람을 만나고 할 일을 해. 술 먹지 말고 일찍 자.

삼, 그것이 무엇이든 오늘 해. 지금 하지 않는다면 그건 네가 아직도 나태를 즐기고 있다는 증거야. 그럴 거면 더 이상 칭얼대지 마.

사, 아무리 독한 슬픔과 슬럼프 속에서라도 여전히 너는 너야. 조금 구겨졌다고 만 원이 천 원 되겠어? 자학하지 마, 그 어떤 경우에도 절.대.로."

**이지성 《꿈꾸는 다락방》**

나에게 꿈이라는 단어를 가슴에 심어준 책이다. 생생하게 꿈꾸면 이뤄진다는 꿈의 공식을 자신의 삶에 적용시켜 수많은 사람들을 꿈쟁이로 이끈다. 이 책으로 얼마나 많은 사람들이 꿈의 세계로 입문했는지 모른다. 나 역시 주장한다, 꿈을 반드시 찾으라고. 그것이 자신을 만나는 가장 빠른 길이다.

## 2. 독서

독서는 나의 삶을 변화시켰고, 그 에너지가 지금 주변으로 전달되고 있으며, 세상과 소통할 수 있는 저자의 삶으로 나를 인도했다. 독서는 삶에 있어서 평생의 동반자다. 선택의 문제가 아닌 필수적인 것이다. 독서를 반드시 만나길 바란다. 여기서는 나를 강하게 변화시켜준 3권만 언급한다. 그 외 독서 관련 저서 모두 훌륭하다. 독서에 관련된 책을 100권 정도만 읽어도 어느 순간 당신 역시 독서가로 변해 있을 것임을 확신한다.

### 이지성, 정회일 《독서천재가 된 홍대리》

지금은 책 이름이 《일독》으로 바뀌었다. 나를 독서의 세계로 입문시켜준 책이다. 스토리텔링 형식으로 되어 있는 데다가 단계별로 독서 방법이 제시되어 쉽게 접근할 수 있다. 제목 검색만 해봐도 이 책 덕분에 독서의 세계에 빠진 수많은 사람들의 증거를 발견할 수 있다. 속는 셈 치고 스스로에게 선물해보자. 100일 동안 33권 책 읽기라는 선물을 말이다. 서른두 살 내 독서인생은 여기서부터 시작되었다.

### 김병완 《48분 기적의 독서법》

나에게 내면의 깊은 상처를 끌어내어 한없는 눈물을 안겨준 책이다. 저자가 낸 독서법 관련 저서 중 첫 번째로 수많은 독서가들의 삶이 들어 있다. 손정의, 김대중, 박성수, 신용호, 에디슨, 나카타니 아키히로, 박경철, 지승룡, 김용옥, 나폴레옹, 마오쩌둥, 알베르토 망구엘 등 12명의 독서 대가들을 만날 수 있었고, 진정한 독서가의 꿈을 발견하게 해주었다.

### 박성후 《포커스 리딩》

저자는 이야기한다. "책을 읽는다는 것은 '사람을 만나는 것'이다. 책은 시간과 공간을 뛰어넘어 사람을 만나는 것이고 생각과 생각이 만나는 것이다. 책을 통해 지식을 쌓는 것은 나중 문제다. 책을 통해 사람을 만나야 원하는 지식을 얻을 수 있다. 책을 한 권 완성한다는 것은 정신과 지식과 사상과 경험 등 삶 자체를 담아내는 것이다." 진정한 사람

을 만날 수 있었다. 삶의 의미를 살찌우는 대가들을 만나면서 자신도
그 대열에 합류할 수 있다는 기쁨을 마련한다.


## 3. 교육

현장에 유익한 교육 관련 책을 읽어야겠다고 생각했을 때 뭘 읽어
야 할지 몰라 무작정 시간만 흘려보냈었다. 막상 지나고 나니 모든 책
들이 다 교육과 연계가 되었다. 나는 스킬을 배우려고만 했던 지극히
작은 생각들에 반성한다. 교사로서 정말 읽어야 할 책들이 많다. 여기
서는 우리 학급을 운영하는 데 도움이 되었던 책들을 간추려 제목만 나
열했다. 하나하나 내 설명을 듣는 것보다는 끌리는 저서 한 권씩을 독
파해 나가는 게 훨씬 유익할 것이다.

### 학급경영

김성효《학급경영 멘토링》,《행복한 진로교육 멘토링》, 허승환《허
쌤의 학급경영 코칭》,《수업놀이》, 이영근《초등학급운영 어떻게 하
지?》, 인젠리《좋은 엄마가 좋은 선생님을 이긴다_인성편》, 이상화《하
루나이 독서》, 최희수《푸름이 이렇게 영재로 키웠다》, 데일 카네기
《카네기 인간관계론》, 공자《논어》, 권영애《그 아이만의 단 한 사람》,
《버츄프로젝트수업》, 존 고든《에너지 버스》, 조신영《성공하는 한국인
의 7가지 습관》, 야누스 코르착《야누스 코르착의 아이들》, 정유진《학

급운영시스템》, 파커 J.파머《가르칠 수 있는 용기》

### 수업

김태현《교사 수업에서 나를 만나다》, 인젠리《좋은 엄마가 좋은 선생님을 이긴다_공부편》, 서준호《마음 흔들기》,《학교 흔들기》, 스펜서 존슨《멘토》, 제인넬슨《학급 긍정 훈육법》, 박숙영《회복적 생활교육을 만나다》등 너무나 많다.

이 밖에도 교사라면 에듀니티, 지식 프레임, 즐거운 학교, 행복한 미래, 교육과 실천 등 교육 관련 출판사에서 발간된 교사가 쓴 책들을 반드시 읽어볼 것을 권한다. 그들의 노하우가 아낌없이 들어 있어 얻을 것이 너무 많기 때문이다. 모든 책들이 추천도서다.

마지막으로 조언하고 싶은 것은 나를 발견하지 않고는 그 어떤 수업 기술의 옷을 입어도 언젠가는 벼랑을 만난다는 점이다. 현자의 말을 빌리면 벼랑에 떨어지면 날개가 생겨서 자신의 잠재된 능력을 발휘한다고 하던데 그것은 날개라는 자존을 발견한 사람들의 이야기다. 날개까지는 아니더라도 사다리라도 준비해서 반드시 벼랑 끝을 통과해야 한다. 이미 내 앞의 길을 걸어간 위인, 성공자, 선배 교사들의 저서에 담긴 아낌 없는 조언을 자기 것으로 승화시키기 바란다.

"나는 마지막 사람이 떠난 지점에서 시작한다."

– 에디슨

# 꿈꾸는 일에 다리를 놓다

(김미경 선생님)

"가정 안에서, 직장 안에서 꿈꾸는 일에 대한 다리를 놓고 싶어요."

그녀를 만난 것은 행운이었다. 2016년 4월, 한 강연장에서 수많은 직업인들 앞에 선 그녀의 모습은 나를 설렘의 세계로 인도했다. 당시 15년 차 초등교사로 재직 중이었던 김미경 선생님은《성장하는 엄마 꿈이 있는 여자》를 집필했다. 마더 모티베이터이자 부모역할훈련 전문

강사로서 세상과 소통하기 위해 'MotherEarth 1인 기업가'의 길을 걷기 위한 한발을 내딛고 있었다. 당시 그녀와의 짧은 만남은 내게 강한 인상을 심어주었고, 자신만의 길을 구축해가는 모습에 강한 울림을 받았다.

'나는 과연 어떤 모습으로 살아갈 것인가?'

그녀의 삶을 보며 나 스스로의 모습을 직면하기 시작했다고 해도 과언이 아니다. 그 짧은 만남 후 다양한 SNS 채널을 통해 자주 소통했고, 성장이란 콘셉트에 그 누구보다 어울려 이 자리에서 소개하고자 한다. 이제는 교사가 아닌 작가로 발돋움한 김미경 저자를 본교에 초청했다. 책이 나오고 소수정예의 학부모와 함께 눈물 섞인 강연을 하면서 좋은 선생님을 넘어 위대한 선생님을 향하는 그녀의 여정이 그려졌다. 나를 비롯해 다른 어른들이 다 같이 배웠으면 하는 마음으로 몇 시간에 걸친 그녀의 성장 스토리를 한 자 한 자 옮겨본다.

⇨ **독서는 어떻게 시작하셨나요?**

고난이 유익이 된다고 하듯이 아이를 키우면서 만나게 되었습니다. 처음에는 불순한 의도에서 시작했어요. 내 아이를 잘 키워보고자 하는 욕심에 책 육아를 시작했고, 아이에게 계속 주입하고 싶은 마음이 가득했던 것 같아요. 하지만 곧 깨닫게 되었습니다. 그것은 하나의 부분일 뿐 해답이 아니라는 것을요. 그때부터였던 것 같아요. 육아서를 시작으로 부모교육 관련 책들을 읽게 되었고, 요즘은 심리와 치유 분야를 탐독하고 있는 중입니다.

결혼 생활 5, 6년 차 감정이 바닥까지 갔을 때 비로소 만난 독서는 글 쓰는 삶, 강연하는 삶을 넘어 꿈꾸는 삶으로 인도해줬습니다.

⇨ **삶을 바라보는 관점의 변화는 어떻게 이뤄졌나요?**

도미노처럼 무너진 고정관념들을 따라가다 보니 한 문장으로 귀결되었습니다.

'내 안에 답이 있다.'

이미 내 안에 답이 있다는 것을 깨닫게 되었습니다. 비로소 내 안에 있는 작은 아이를 발견하게 된 것입니다. 그때는 미처 몰랐던 아버지, 어머니의 삶이 보였고, 비교로 얼룩졌던 울고 있는 작은 아이를 보고 안아주고 함께 울었습니다. 조금씩 치유가 되어 다시 일어서 보니 세상이 달라진 느낌을 받았습니다. 관점의 변화가 일어난 것이었죠.

비벌리 엔젤의 《좋은 부모의 시작은 자기 치유다》를 통해 좋은 부모를 넘어 행복한 부모로서의 자각을 하기 시작했고, 토니 험프리스의 《가족의 심리학》을 통해 진정한 가족의 사랑이 어떤 것인지를 알게 되었습니다. 토머스 고든의 《부모 역할 훈련》을 통해 대화의 법칙을 깨닫고 이를 적극 실천하니 나라는 사람이 누구인지 알게 되었고, 상처로 얼룩진 어린아이들이 보였으며, 모든 아이들이 사랑으로 보였습니다. 감사한 것은 남의 편이었던 남편조차 사랑 덩어리로 승화된 것입니다.

남편을 바라보던 처음의 내 감정이 '불만'이었다면 관점이 바뀌니 '다행'을 넘어, 드디어 '감사'에까지 이르는 등 삶 자체에 감사함을 갖기 시작했습니다. 그 뒤로 이어진 삶의 변화는 이루 말할 수 없을 정도로 행복한 에너지 CEO로서 살아가고 있습니다.

⇨ **성장하는 선생님께 드리는 조언이 있다면?**

성장에는 감사가 수반되는데 감사 전에 치유가 일어나야 된다고 봅니다. 자기 성찰은 그래서 중요한 것이죠. 치유가 돼야 확신이 서고, 확신 위에 꿈이 있고, 성장이 있는 것입니다. 누구나 자기 안에 이미 사랑에너지가 가득합니다. 그런데 많은 분들은 자기 이외의 다른 곳에서 찾는 경우가 많습니다. '이런 사랑 에너지를 연결하기 위해 어떻게 해야할까?'를 고민하게 되었습니다. 저는 그것을 발견해주고 싶습니다. 제가 느낀 이 성장 단계를 나누고 싶기에 누구나 편해 보이는 교사라는 직분을 내려놓고 이렇게 1인 기업가로 활동하고 있는 것입니다.

⇨ **성장과 수업의 관계를 한 줄로 표현해본다면?**

성장하고자 하는 교사는 수업을 고민합니다. 수업은 사람과 사람이 만나는 장으로 교감이 이뤄지는 장이고, 동기가 하나가 되는 장입니다. 좋은 수업에 있어서 성장이라는 키워드는 필수가 되어야 한다고 여깁니다. 어떤 밑그림을 그리는 것이 중요한지를 성장을 통해 알게 됩니다. 성장은 결국 고민을 가져오고, 그 고민은 자아를 발견하게 하는 매개물이 됩니다. 저의 멘토는 오프라 윈프리인데 그녀를 이렇게 표현하고 싶습니다. 비욘드 그레이트 옵저버(Beyond Great Observer, 위대한 관찰자)

자신의 삶을 관찰하고 그를 통해 관찰자 시점으로 성장의 요소를 끊임없이 탐구하면 결국 좋은 수업을 이끄는 방향을 발견할 것입니다.

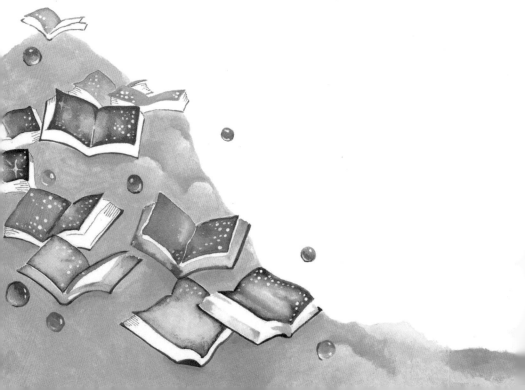

| 4부 |

# 아이들은
# 교실에서 세상을 만난다

## 1
# 아이들은 교실에서 성장한다

매일 30개의 새로운 작은 세상들과 만난다. 어제와 같지 않은, 날마다 새로운 세상들이다. 저마다 다른 이야기를 갖고 있고, 저마다 다른 감정을 갖고 있다. 그래서 하나하나 모두 가치가 있다. 자신만의 스토리가 더욱 빛난다. 때로는 빛을 잃어가는 것처럼 보이는 세상도 있다. 세상 주변에 어떤 문제가 있어서 도저히 감당되지 않을 때도 있지만 그래도 그 작은 세상은 존재하기에 그 자체만으로도 가치가 있다.

수많은 육아서를 보면서 깨닫게 되었다, 우리 아이들은 작은 세상이라는 것을, 아니 작은 우주라는 것을. 나까지 포함해서 30개의 작은 세상은 언제나 함께 호흡하면서 하루하루를 보내고 있음을 알게 되었다.

　형준이가 '1분 스피치'로 알파고 이야기를 준비했다. 긴장된 눈빛이 역력하다. 매일 서로 다른 아이들이 각자의 관심 분야를 1분 동안 발표한다. 형준이는 로봇에 관심이 많기에 알파고 이야기를 자신만의 관점에서 흥미롭게 전개해 나갔다. 그를 제외한 우리는 그의 작은 세상에 귀를 기울인다. 그 순간만큼은 세상이 그의 중심으로 움직이는 것 같다.

　나는 교실 속에 아이들 각자 멋진 세상을 만들어가고 있다는 사실을 안다. 교사인 내가 주도하는 것이 아니라 각자가 주도하는 삶들이다. 우리는 그렇게 하나의 오케스트라 단원처럼 멋진 교향곡을 연주한다. 멋진 하나의 세상이 다시 태어나는 느낌이다. 때로는 강하게 때로는 약하게 조절하면서 학기 초부터 학기 말까지 우리는 각자의 세상 속에서 우리만의 세상을 만들어간다.

　학급에서 운영하는 밴드에 아이들이 만든 캐릭터를 열심히 올리고 있다. 그중 한 명이 눈에 띈다. 은규는 우리 반 학급 부반장으로 아이들과의 관계면이나 학습면, 생활면에서 모두 훌륭한 친구다. 어느 날부턴가 은규의 관심사가 눈에 보인다. 그림 그리기 어플인 '이비스 페인트'를 활용하여 자신만의 캐릭터를 그리고, 다른 친구들의 캐릭터까지 그려 밴드에 올린 걸 보게 되었다. 나는 은규와 밥 친구(매일 점심시간에 선생님과 함께 밥을 먹는 것)를 할 때 한 가지를 제안했다.

"은규야! 너 지난번에 보니 어플로 캐릭터를 잘 그리던데. 그걸로 수업해보지 않을래?"

"네? 수업이요? 전 그냥 즐길 뿐인데요."

"가장 관심 있고 즐겁게 할 수 있는 것을 그냥 보여주면 돼. 학교에 스마트 교육을 위한 패드가 준비되어 있으니 그걸 활용해 친구들에게 자신만의 캐릭터를 만드는 방법을 알려주면 훌륭한 수업이 되지 않을까?"

"아! 네! 생각해볼게요. 좀 긴장되네요."

이후 은규는 한번 해보겠다며 수업을 준비하기 시작했다. 나중에 안 것이지만 은규가 열심히 즐겁게 준비하는 모습을 본 어머니 마음까지 같이 설렜다고 한다.

"어떻게 진행할지 구상하는 은규의 모습을 보며 저마저 설레는 시간이었습니다."

내가 교육적으로 가장 신뢰하는 데일 카네기의 말이 떠올랐다.

"이 세상에서 누군가에게 어떤 일을 하게 하기 위해서는 단 한 가지 방법밖에는 없다. 그것이 무엇인가를 생각해본 일이 있는가? 그렇다. 단 한 가지 방법뿐이다. 그것은 스스로 그 일을 원하도록 하는 것이다."

우리는 은규와 함께 수업을 진행했다.


1. 수업 전에 아이들 각자 이비스 페인트 어플 다운로드 받기

2. 캐릭터, 별칭 생각해오기

3. 학교에 구비된 갤럭시 탭 준비하기

4. 한 대는 TV와 연결하여 은규가 활용 / 나머지는 학생 활용

5. 아이들은 은규가 그리는 것을 따라 하며 기본 기능 익히기

6. 자신의 캐릭터 완성하기

7. SNS를 통해 공유하기

8. 느낌 나누기

아이들은 그 어느 때보다 눈빛이 빛났고, 적극적인 자세로 경청하며 실행력을 보여줬다. 수업 후 아이들은 느낀 점을 이렇게 발표했다.

"나만의 캐릭터를 만드니 기분이 좋았다. 정말 재밌었다."

"처음에는 엄청 못 그렸는데 은규 덕분에 잘 그리게 되었다. 꿀잼!"

"친구인 은규와 함께 이비스 페인트를 하니 더 재밌었고, 새로운 미술의 세계를 알게 되었다."

"정말 재밌었다. 다음에는 내가 강사가 되어 다른 수업을 진행해보고 싶다."

나는 이것을 '잠재력 끌어내기 프로젝트'라고 명하고 아이들 스스로가 가장 잘할 수 있는 것들을 조사했다. 아이들에게는 이미 충분한 잠재력이 있고, 그것을 발견하여 실현시켜 주는 것이 교사인 나의 가중 중요한 역할임을 알기 때문이다. 언제나 갈릴레오 갈릴레이가 했던 말을 잊지 않으려고 노력한다.

　　"우리는 누구에게 그 어떤 것도 가르쳐줄 수 없다. 단지 스스로 자신 안에서 그것을 발견하도록 도울 수 있을 뿐이다."

　　이번에는 춤을 잘 추는 가영이가 와서 이야기한다.

　　"선생님, 저도 아이들에게 춤을 가르쳐주고 싶어요. 우리가 도전하기로 한 월드비전 '교실에서 찾은 희망'을 제가 주관하면 안 될까요?"

　　"그거 좋겠다. 어떻게 해야 할지 주말에 좀 더 생각해보고 선생님과 함께 의논해보자."

　　지난 몇 년 동안 시도만 했다가 완성되지 않았던 프로젝트라서 과연 잘 될지 반신반의였다. 이제야 고백하지만 그때 가영이가 제안하지 않았다면 바쁘다는 핑계로 하지 않았을 것이다.

월요일 아침 가영이는 나에게 A4용지 2장을 내밀었다. 안무도였다. 정말 대단했다. 내가 본 그 어떤 것들보다 훌륭했다. '그냥 말해본 게 아니었구나. 가영이라면 충분히 할 수 있을 것 같다.' 나는 그날 이후 틈틈이 그녀에게 시간을 주고 아이들을 지도하도록 했다. 중간에 안무 지도 도우미 유진이도 강사로 포섭하여 Part 1, 2로 나누어서 진행했다. 우리는 드디어 완성했고, 그 어떤 순간보다 행복한 시간을 가졌다. 결과는 아차상이었지만(이것만으로도 정말 감사하다) 그래도 그 과정 동안 우리는 하나가 되었으며, 지금까지도 그 에너지는 그 이상의 긍정적인 효과를 교실에 가져오고 있다.

아이들은 저마다의 세상을 가지고 있다. 나는 그 세상을 더욱 넓게 보는 안목을 기를 수 있도록 조력할 뿐이다. 그것이 교사다. 그 이상 그 이하도 아니다. 나는 그래서 최대한 아이들의 눈높이로 보고, 눈의 위치만 낮춘 것이 아니라 마주보기를 하고 있다. 나 역시 내가 모르는 세상의 깊이를 이해하기 위해서다. 그랬더니 이제야 새로운 세상이 보인다. 30개의 세상이 하나가 되는 모습이 보인다.

# 2
## 김진수 선생의 교사성장 프로젝트 4+4

'하루 10분 고전 읽기'를 하고 있다. 다소 어렵게 느껴지는 고전에 친숙해지기 위한 나만의 전략이다. 이것을 토대로 많은 것들을 연결시키고 있다. 《논어》를 시작으로 《명심보감》, 《대학, 중용》, 《손자병법》, 《톨스토이 단편선》, 《성경》까지 하루 10분의 힘이 얼마나 큰지를 뼛속 깊이 느끼고 있는 중이다. 물론 반드시 10분만 딱 읽고 끝내는 것은 아니다. 더 읽고 싶으면 더 읽고, 그 이후 감명 깊게 다가온 문구는 반드시 정리하고 넘어간다. 10분이라는 시간을 정한 것은 때로는 전혀 이해되지 않아 아무런 감흥이 없더라도 10분은 참고 견뎌보기 위해서다. 그렇지 않으면 어렵다고 느껴지는 고전과 점점 멀어지게 된다. 한 권을 독파하기 위해 무수히 많이 도전했지만 항상 중도 포기했던 나는 이제 끝까지 할 수 있는 에너지를 받았다.

유학을 집대성하고 성리학(주자학)을 창시한 주희가 엮은 《대학》 탕임금의 《반명》에 다음과 같은 글귀가 나온다.

구일신, 일일신, 우일신(苟日新, 日日新, 又日新)
만약 어느 날에 새로워진다면 이를 통해서 날마다 새로워질 것이며 더 더욱 날로 새로워질 것이다.

이 글을 읽고 나의 삶을 되돌아보았다.
'나는 과연 이런 마음으로 날마다 새로워지고 있는가?'
사실 지난 몇 년 동안 많은 책에서 만났던 말이지만 강한 울림을 받은 것은 이때가 처음이었다. '그렇다. 나는 지금 이런 마음으로 살아가고 있다.'

내 입에서 이런 놀라운 고백이 나올 줄이야. 나의 성장일기를 잠시 이야기하겠다. 나는 누가 시키지 않아도 즐거운 마음으로 다음 8가지를 매일 하려고 노력한다. 핵심은 '매일 노력한다'에 있다. 2017년 3월부터 지금까지 그렇게 매일 선순환의 에너지가 공급되었다. 그 결과 삶의 판도가 완전히 바뀌었음을 고백한다.

## 1. 미라클 모닝 + 필사 + 글쓰기

2017년 3월 19일 새벽 3시 10분에 시작된 미라클 모닝은 나에게 필사를 겸하면서 큰 에너지로 전이되었다. 처음에는 그저 필사하고 오늘의 다짐 한 문장을 쓰는 정도였는데, 50일 정도 지나자 생각 그물이 만들어지면서 한 편의 새로운 글들을 쓰게 되었다. 계획한 것은 아니었는데 그러면서 글을 쓰는 즐거움을 느끼게 되었고, 이것과 어우러져 그동안의 삶의 무게가 완전히 해소되는 느낌이 들었다. 지금은 이렇게 고백할 수 있다.

"평생 가지고 갈 나만의 핵심습관이다."

이것으로 얻은 힘이 정말 많다. 지금 이 순간 내 버킷리스트에 하나 더 추가한다. 미라클 모닝과 관련된 책을 반드시 집필하기로!

## 2. 감사일기

2016년 1월 26일부터 작성한 감사일기는 6줄로 시작되었다.

"1. 아내와 둥이들의 건강에 감사합니다.

2. 아내가 즐거워하는 일을 찾고 그것을 통해 멋진 일을 계획하게 하심에 감사합니다.

3. 어머니께서 둥이들의 두 돌에 귀한 선물 주심에 감사합니다.

4. 둥이의 구토와 설사가 이제 모두 없어지게 해주셔서 감사합니다.

5. 즐겁게 하루하루 살아가고, 책 읽는 시간을 주신 것에 감사합니다.

6. 금요일에 속회모임을 저희 집에서 할 수 있는 여건을 주심에 감사합니다."

아이들에게는 감사일기 지도를 2013년도부터 했지만 정작 교사인 나는 하지 않아서 언제나 부족한 느낌이 들곤 했는데 직접 해보니 하루가 정리되는 좋은 느낌이었다. 애나김의 《쓰면 이루어지는 감사일기의 힘》을 읽어보면 그 힘의 위력을 머리로 알 수 있고, 가슴으로 느껴져 결국 실천으로까지 연결된다. 그녀는 "감사 거리를 찾아 하나씩 적다 보면 자신이 '참 운이 좋은 사람'이라는 생각이 굳어지고 확장된다"고 말한다. 나는 감사일기를 쓰면서 나를 제대로 볼 수 있었고 무엇보다 나 역시 참 가치 있는 사람이라는 사실에 스스로 동의하면서 정체성이 확립되는 경험을 했다. 오프라 윈프리를 변화시킨 감사일기가 나 역시 변화시키고 있다.

지금은 신앙, 육아, 독서, 나눔, 건강 5개 테마로 매일 작성하고 있다. 내 하루를 더욱 사랑하게 된다. 매 순간이 감사할 것들로 가득하다. 그로 인한 성장은 자연스럽게 따라온다. 감사훈련을 하다 보니 불평이 사라지게 되고, 같은 상황에 있어도 부정적인 것보다는 긍정적인 것을 찾을 수 있게 되었다. 감사일기, 강력 추천한다.

## 3. 독서

위인들과 성공자들에게 있어서 독서는 떼려야 뗄 수 없는 필수 아이템이다. 수많은 독서 관련 책 중 딱 10권만 읽어보자. 물음표로 물들었던 독서에 대한 생각이 느낌표로 가득해질 것이다. 나는 그런 것도 모른 채 32년을 살았고, 그 느낌표를 발견한 뒤로 독서의 끈을 놓지 않아 그 결과 내 이름으로 된 책이 나올 수 있었으며, 궁극적인 목표였던 삶을 즐길 수 있는 사람이 되었다. 책을 읽다가 좋은 문구를 발견하면 사진을 찍어 블로그, 에버노트에 기록한다. 필사하고 싶은 내용을 만나면 한쪽을 크게 접어놓기도 하고, 밑줄, 생각 메모 등 책에 손때가 가득하다. 다 읽고는 다시 한 번 훑어 읽으면서 채 정리하지 못한 것을 마무리한다. 중요한 것은 독서할 때 옆에 반드시 실천노트와 펜을 두고 생각나는 것을 기록하고, 그것을 실천하기 위해 항상 노력한다는 점이다. 책의 힘은 여기에 있는 것 같다.

"책은 읽어도 되고 읽지 않아도 되는 것이 아니라 읽지 않으면 안 되는 것이다. 독서로 길러진 사고력이 뭔가를 생각할 때 큰 힘이 되고 있으며 대화를 나눌 때도 독서경험이 긍정적으로 작용하기 때문이다."

– 사이토 다카시, 《독서력》 중에서

"성공을 위한 가장 좋은 방법은 '모방'이다. 이런 측면에서 책은 일종의 보물지도인 셈이다. 책은 거의 공짜에 가까운 비용으로 막대한 가치를 제공하고 있다. 책 한 권에 담긴 한 가지 노하우는 한 사람의 인생을 통째로 바꿔놓을 만큼의 위력이 있다."

– 앤서니 라빈스, 《무한능력》 중에서

"무엇보다 독서하는 것이 제일 유익하다."

– 세종대왕

독서를 하지 않는 사람들의 말보다는 독서를 하는 사람들의 말을 듣는 것이 더 현명하지 않을까? 나는 진정한 독서가의 길을 따르려 한다.


## 4. 하루 10분 투자의 힘

나는 하루 10분을 투자하여 많은 것을 성취했다. 그동안 계속 실패했던 성경 통독, 영어학습, 고전 읽기 등이 대표적인 예이다. 내 새벽 스케줄은 이런 순서로 이뤄진다.

기도(10분) → 성경 읽기(10분) → 미라클 모닝+필사+글쓰기(1~2시간) → 고전 읽기(10분) → 박코치 영어(10분) 이후 나머지 시간은 전적으로 독서, 글쓰기, 수업 준비를 하면서 아침을 맞이한다.

하루 10분을 통해 얻은 것이 너무 많다. 성경 통독 완료, 각종 고전 통독 완료, 스티브 잡스 연설문 암기 및 각종 팝송 암송 완료 등 나에게 계속 우선순위에서 밀렸던 것들이 서서히 가치 있는 에너지로 내 삶에 적용되었고 지금은 그것이 구체적인 결과로 나타나기도 한다.

하루 10분을 무시하지 마라. 하고자 하는데 잘 되지 않는 것이 있다면 일단 10분씩 투자한다는 생각을 갖고 꾸준히 물들여봐라. 어느 순간 10분이 20분이 되고 1시간이 되며 10시간이 되는 기적을 만나게 될 것이다. 짧은 시간이라고 우습게 볼 수 있지만 일주일이면 1시간을 확보할 수 있고, 한 달이면 4시간, 1년이면 약 50시간이나 확보할 수 있다. 그렇게 몇 년이 되면 그 누구도 절대 짧다고 할 수 없는 시간이 될 것이다.

## 5. 칠판 아침편지

이것은 교실에서 이뤄지는 교사로의 삶이다. 매일 이뤄지는 것들이다. 아침마다 명언과 함께 그와 관련된 이야기를 편지 형식으로 쓴다. 아이들은 교실에 들어와 하트 안에 적혀 있는 글부터 읽고 하루를 시작한다. 이 아침편지가 단 한 명의 가슴을 적실 수 있다면 그것으로 충분하다는 마음으로 학기 초부터 하루도 빠짐없이 계속하고 있다. 더 감사한 사실은 쓰면서 자동으로 필사가 되어 나 자신에게 더 큰 감동을 준다는 점이다. 나는 그것을 '칠판 아침편지'라고 정하고 꾸준히 밀알이야기 블로그에도 포함시켜 올리고 있다. '밀알샘 칠판 아침편지'라고 검색하면 그 과정이 세세하게 나와 있으니 참고하기 바란다.

## 6. 10분 논어 읽기

아이들과 아침 인사를 나눈 뒤 《논어》를 펼치고 꾸준히 읽고, 생각을 메모한다. 읽을 때마다 새로운 적용 방법들이 생각나고 무엇보다 내 삶을 돌아보게 되며 아이들에게 배움에 대한 열정을 계속 심어줄 수 있기에 놓칠 수 없는 시간이다. 수업 준비는 미리 해놓기 때문에 충분히 아침 시간을 공자와 함께할 수 있다. 하루 10분만 투자해도 매월 1독을 할 수 있게 된다. 1년이면 12독이다. 10년이면 120독이다. 나는 오늘도 공자를 만난다.

## 7. 〈글똥누기〉 댓글

이영근 선생님의 《초등 학급운영 어떻게 할까?》, 허승환 선생님의 《허쌤의 학급경영 코칭》 등의 저서를 통해 아침 두 줄 쓰기를 운영하고 있다. '글똥누기'라는 명칭은 이영근 선생님의 학급 운영에서 참고했다. 예전에는 일기장을 걷어 맹목적인 검사를 했다면 이제는 아이들의 마음을 읽고 나누는 아날로그식 소통 공간이다. 제출한 친구에게는 정성을 다해 빠짐없이 댓글을 꾸준히 달아준다. 그 아이와 래포가 형성되는 것은 시간문제다. 스마트 시대라서 이런 마음이 담긴 글쓰기가 더 중요하다는 생각이다. 방과 후 아이들이 돌아간 뒤 아이들의 마음을 들여다보면서 나의 느낌이 담긴 최고의 한 줄을 오늘도 마음을 담아 정성껏 쓰고 있다.


## 8. 밀알이야기 나누기(블로그 기록)

아침부터 마치는 시간까지 사진을 남겨 그것을 밀알이야기 형식으로 하루 교단일지를 작성하여 밴드(학생, 학부모)와 블로그(학기 초 개인정보 활용 동의서를 받는다)에 올린다. 내가 포착한 아이들의 모든 일상이 기록된다. 아이들의 소중한 소품부터 그림, 웃음까지 하나도 버릴 것이 없다. 일상 자체가 배움이요, 삶의 모든 것이기 때문에 내가 할 수 있는 가치 있는 모든 것들을 담고 있다. 우리는 이렇게 역사를 만들어가고 있고,

매일 반성적 사고를 통해 나는 더 나은 교사가 되기 위해 노력한다. 어느 날 한 학부모로부터 문자를 받았다. 이 문자를 받고 잘하고 있다고 스스로를 칭찬해주었다.

"정말 알차고 멋진 귀한 하루입니다. 이렇게 궁금했던 아이들의 모습을 볼 수 있어서 감사합니다. 모든 것들이 가치가 있음을 알게 되었습니다. 아이들에게 일상의 의미를 선물해주셔서 감사합니다."

성장하는 방법은 각자 모두 다르다. 하지만 이것은 분명하다, 작은 습관이 핵심 습관이 되어 결국 인생을 변화시킨다는 것. 그래서 나는 아리스토텔레스의 말에 전적으로 동의한다.

"우리가 반복적으로 하는 행동이 바로 우리가 누구인지를 말해준다. 그러므로 중요한 것은 행위가 아니라 습관이다. 매일 스스로 하면 인생이 변화된다."

– 아리스토텔레스

## 3

# 아이의 꿈을 만들어주는
# 7인 선생님의 노하우를 공개합니다

"정말로 강력하고 재미있는 것을 해보고 싶으면 마법의 보드를 만들어 이 위에 당신의 소망을 적어라. 사진을 붙여도 좋다. 당신이 자주 보는 곳에 보드를 놓아두고, 사진을 오려내어 그 위에 붙인다. '감사합니다. 감사합니다. 감사합니다'라고 굵고 큰 글씨로 마법의 주문을 써서 보드에 붙여 놓는다."

《시크릿》의 저자 론다 번은 《The Magic》을 통해 감사를 진정으로 바라보는 구체적인 방법으로 마법의 보드를 만들 것을 제시한다. 그 모든 소망을 실현하라고 끊임없이 이야기하면서 말이다. 그렇다. 꿈을 생생하게 꾸기 위해서는 내 마음 안에 '꿈'이란 단어를 심어놓고 그것을 계속 바라봐야 한다. 아주 구체적으로 꿈이 이뤄진 모습을 상상하는 것이다. 더욱 강력하게 실현시키는 방법은 직접 눈으로 볼 수 있도록 시각화시키는 것이다. 결국 꿈을 만나는 최고의 방법은 시각화를 통해 끊임없이 자기 암시를 하는 것이다. 내가 직접 체험 중이기 때문에 이것만큼은 확실하다. 아이들에게 꼭 전해주고 싶어서 다양한 방법을 통해 교실로 가져왔다.

## 1. 드림보드(김성현 선생님 참고)

《행복한 수업을 위한 독서교육 콘서트》에 자세히 제시되어 있지만 내가 생각하는 가장 중요한 활동 중 하나라 다시 언급한다. 아이들은 저마다 꿈을 갖고 있지만 그것을 꿈으로만 인식하고 쉽게 실천으로 연결하지 못한다. 가장 큰 이유는 부모, 교사 등을 비롯해 주변에 꿈으로 물든 어른을 만나지 못해서다. 그래도 괜찮다. 우리에게는 무한한 상상력이 있으니 말이다. 꿈을 이룬 모습을 상상하고 그것을 추구해가면 된다. 그러기 위해서는 반드시 롤모델이 있어야 하는데 학기 초에 아이들

에게 이와 관련된 것이 있는지 여부를 물어보면 소수 인원을 제외하고
는 그것이 무엇인지도 모르고 심하게는 관심조차 없다. 나는 롤모델의
중요성을 각종 위인들의 삶을 통해 제시하고 1년 내내 강조하고 있다.
드림보드는 크게 6가지로 구성이 된다.

1. 자신의 꿈
2. 롤모델 / 선정 이유
3. 나의 좌우명
4. 나의 30년 후 모습
5. 나만의 버킷리스트
6. 꿈을 실현하기 위해 지금 당장 실천해야 할 것들

나와 헤어진 다음에도 쭉 활용할 수 있도록 사진을 찍어 컬러로 출
력한 뒤 코팅까지 해서 아이들에게 나눠 주었다. 아이들은 집에 잘 보
이는 곳에 이것을 붙여두고 매일매일 보면서 꿈을 더욱 시각화한다. 그
렇게 자연스럽게 자기암시를 하고, 실천할 것들을 더욱 구체화하여 스
스로 꿈을 찾아 발견하고 나아갈 수 있는 힘을 얻게 되기를 바란다.

밀알반 13기

밀알반 14기

## 2. 손바닥 도장 찍기(김보법 선생님 참고)

학기 초가 되면 마음을 하나로 모으는 활동으로 '손바닥 도장 찍기'를 실시한다. 나와 아이들의 손바닥이 한데 어우러져 하나의 작품으로 탄생되니 소속감과 안정감이 느껴진다.

1. 전지에 포스트잇으로 큰 글자를 만든다. (사전에 아이들과 어떤 글자를 새길지 의논한다.)
2. 접시를 이용해 여러 가지 물감을 준비한다.
3. 순서를 정하여 큰 글자를 따라 전지에 손바닥 도장을 찍는다.

그냥 도장을 찍는 것보다는 내 꿈을 위해 찍는다는 마음가짐으로 하자고 아이들에게 먼저 이야기해준다. "오늘 손바닥 도장을 찍을 텐데, 각종 영화제나 특별한 행사에서 손바닥 또는 발바닥, 친필사인 등으로 그날을 기념하여 흔적을 남기는 걸 봤을 거예요. 유명한 영화인들이 손바닥 도장을 찍어놓은 부산의 피프(PIFF) 광장이 대표적인 사례입니다. 오늘 여러분의 마음과 꿈을 담아 역사를 새겨 넣기 바랍니다."

그동안 우리 반은 주로 '밀알'이라는 단어를 넣어 글자를 새겼다. 2017년 아이들과 함께한 '밀알! 파이팅', 2018년에는 '너의 밀알은'이란 말이 더욱 선명하게 가슴속에 그려진다. 의미가 깊은 문구다. 내가 지속적으로 강조하고 있는 '내 안에 있는 것이 무엇인가?'에 대한 물음이 살아 숨쉬는 순간이다.

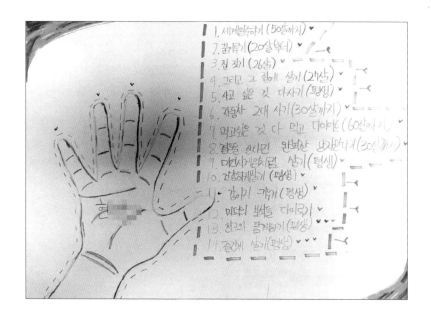

## 3. 손도장 비전 트립(허승환 선생님 참고)

이 활동 역시 손바닥을 활용한다. 아이들은 저마다 자신과 관련된 것들에 의미를 부여하기 때문에 우리 교실 주변 곳곳에는 아이들의 흔적이 아주 많다. 그중 오랫동안 부착되어 있는 것이 바로 손바닥 비전 트립이다. 이렇게 운영한다.

1. A4용지를 가로로 두고 좌측에는 손바닥 그림(손가락 마디 14개)을 그린다.
2. 우측에는 1년 동안 반드시 이루고 싶은 목표(버킷리스트)를 14가지 정한다.
3. 목표한 것을 하나씩 이룰 때마다 손가락 마디 하나에 색칠을 한다.
4. 시각화할 수 있도록 교실 한쪽에 게시한다.

이 활동은 다양하게 변형이 가능하다. 내가 이루고 싶은 단 하나의 목표를 14일 프로젝트로 할 수도 있고, 한 학기 동안 나만의 목표 3~5가지만 작성해서 운영할 수도 있는 등 각자만의 방식이 존재한다. 짧은 호흡도 긴 호흡도 가능하여 종종 활용하는 편이다. 아이들은 자신의 손바닥이 얼마나 자랐는지 서로 대보기도 하는 등 작은 성장의 소리가 들리는 활동이다.

## 4. 30년 후 나와 마주이야기(이영근 선생님 참고)

드림보드 네 번째에 있는 30년 후 나의 모습을 더욱 구체화시키는 활동이다. 이렇게 활동한다.

1. 미래의 자신에게 편지 쓰기
2. 미래의 모습 생생하게 그리기
3. 버킷리스트 작성하기

아이들은 저마다 상상력이 풍부하기에 그 어떤 활동보다 즐거운 마음으로 임한다. 자신이 자신에게 편지를 쓴다는 것이 다소 쑥스럽기도 하지만 이 활동을 통해 꿈을 이룬 자신과 마주하면서 성장의 기쁨을 맞이할 것이다.

# 20년 뒤

## 20년뒤 여자에게

나에게...

20년뒤 에게. 안녕? 난 현재의 예지야.

내가 20년 뒤면 꿈을 이뤘겠지. 지금내가 살고있는 곳은 어디야? 나는 저꿈 속에서 공부하고 있어... 나의 꿈은 정우대의 김진수 선생님 같은 초등학교 선생님이야. 정 20년 뒤에 너는 그 꿈을 이뤘니? 나는 이뤘으면 좋겠다 만약 내가 못 이룰 없어도 내가 열심히 노력할테니까. 너도 열심히 노력해줘 ~ 그럼 안녕~

2018년 5월15일 (화)

현재의 예지가.

독

많이

서

길어? 

버킷리스트
① 독서연습관 기르기 (ᄃ중)
② 책 1000권 읽기 도전! (ᄅ리)
③ 꿈을 이뤄 김진수 선생님 같은 선배되기 71-ᄃ323

## 5. 온리원(Only one) / 명예의 전당(나승빈 선생님 참고)

우리는 모두 각자 다른 재능을 가지고 있다. 그 특별한 재능들이 성적, 점수라는 단 한 가지 기준에 의해 희석될 때가 많아서 너무 안타깝지만 우리는 알고 있다. 자신이 진정 좋아하고 잘하는 것이 무엇인지.

학기 초에 자신이 가장 잘하는 것을 써서 제출한다. 나는 이것을 모아 아이들과의 활동에 참고하는데, 최대한 많은 친구들이 동참할 수 있는 것들을 준비한다. 예를 들어 종이비행기 오래 날리기 / 멀리 날리기, 큐브 빨리 맞추기, 림보 게임, 줄넘기 오래하기, 3단 종이팽이 오래 돌리기, 허벅지 씨름 등 함께할 수도 있는 것들을 선정하는 것이다.

주로 창체 시간을 활용해 '내가 최고다' 프로그램을 운영한다. 최고의 친구에게는 명예의 전당에 입성하는 상장을 주고 교실 뒤에 1년 동안 게시한다. 이를 통해 자신도 잘하는 것이 있다는 것을 인식하게 되고, 자존감과 할 수 있다는 자신감도 가질 수 있다. 그래서 최대한 한 번 이상씩은 명예의 전당에 오를 수 있도록 조절하려고 노력한다.

나는 이런 꿈을 꾼다. 우리 친구들이 꿈을 이룬 모습을 담은 나만의 명예의 전당을 우리 집에 하나씩 꾸미는 모습을 말이다.

## 6. 하트 손 만들기(김차명 선생님 참고)

참쌤 스쿨 리더이자 "교사가 최고의 콘텐츠다"라고 이야기하는 김차명 선생님이 SNS 채널을 통해 하나의 사진을 올렸다. 학급의 모든 아이들의 손으로 엮은 하나의 대형 하트! 나에게는 꿈을 이룬 친구들의 모습이 떠올랐다. 그 뒤로 매년 학기 초가 되면 우리 반 아이들과 함께 하트 손을 만들곤 한다. 모든 친구들이 하나가 되어야 완성할 수 있는 모습이기에 이 사진 한 장을 찍기 위해 우리는 그 어느 때보다 하나가 된다.

"선생님, 진짜 우리가 한 것 맞아요?"라고 할 정도로 꿈으로 영그는 시간이다.

## 7. 밀알 시집 만들기(꼬마 작가 프로젝트)

　　하시모토 다케시의《슬로리딩》을 통해 시 짓기에 대한 관심이 생겼
다.《논어》를 통해 공자는 나에게 더욱 '시'에 대한 감흥을 불러일으켰다.

　　"왜 시를 공부하지 않느냐? 시를 배우면 감흥을 불러일으킬 수 있
고, 사물을 잘 볼 수 있으며, 사람들과 잘 어울릴 수 있고, 사리에 어긋
나지 않게 원망할 수 있다. 가까이는 어버이를 섬기고, 멀리는 임금을
섬기며, 새와 짐승과 풀과 나무의 이름에 대해서도 많이 알게 된다."

　　아이들의 관찰력이 증대되는 순간이다. 3월 학기 초부터 우리 친구

들에게 시 쓰기를 즐겨할 수 있도록 미션을 부여한다. 연말에는 이것을 엮어 우리 반만의, 세계에서 하나뿐인 시집을 출간하는 것을 목표로 아이들에게 동기부여를 한다. 일명 '꼬마 작가 프로젝트'다. 2017년 12월이 되자 28명의 세상을 바라보는 눈이 담긴《밀알 한 줄 긋기》가 탄생되었다.

"밀알반 친구들이 세상 속에 생각의 한 줄을 펼쳐 보입니다. 꿈, 사랑, 희망, 행복, 일상 등 5가지 다양한 삶의 모습들입니다. 사소한 것은 단 하나도 없습니다. 모두 소중합니다.

때로는 정돈되지 않은 생각방, 글방을 보일 수도 있지만 그 자체가 바로 우리 자신입니다. 꾸밈없이 우리들의 이야기를 들려드립니다. 아이들과 함께하면서 저 또한 더욱 성장할 수 있는 계기가 되었습니다. 어떤 친구에게는 시 한 편이지만, 다른 친구에게는 열 편과 같을 수도 있습니다. 당시의 느낌을 표현한 시 한 구절 한 구절에 가치를 부여합니다."

우리는 그렇게 새로운 꿈을 향해 나아가고 있다. 각자의 눈을 갖고 세상을 바라보고 소통한다. 시는 우리의 프레임을 자유롭게 해주는 힘이 있음을 알게 되었다.


우리 친구들의 꿈!
그리고 나의 꿈!
나아가 당신의 꿈!
오늘도 꿈과 동행하는 모습을 응원해본다.

# 4

# 아이의 가치를 살리는 교사
# vs 아이의 가치를 죽이는 교사

'아! 너무 힘들다. 내가 힘드니 우리 반 아이들 모두 힘들어 보이는 구나. 내가 교사가 맞나? 내 몸 하나 주체하기 힘든데 누가 누구를 가르친단 말인가. 이런 마인드로는 더 이상 버티기 힘들다. 교직을 그만둬야 하나? 요즘은 말로는 아이들을 사랑한다고 하지만 가슴으로 느껴지지가 않는다. 그냥 혼자 있고 싶다. 교실에서 덩그러니 앉아서 쉬고 싶다.'

이런 마음이 들 때마다 나는 약봉투를 꺼내 들었다. 난생 처음 먹어 보는 신경안정제, 즉 우울증, 공황장애에 대한 처방약이었다.

'나에게 우울증이 올 줄이야.'

심신이 너무 괴로워 인근 보건소에서 정신상담을 받았는데 우울증 척도가 너무 높게 나왔다. 우울증 진단 커트라인의 두 배가 넘는 수치를 보고 상담가가 깜짝 놀란 눈치였다. 그에 비해 나는 담담했다. 이미 예상했었기 때문이다. 모든 항목에 최하점수가 나왔다. 당시 내 마음은 '죽.고.싶.다'였기에 어찌보면 당연한 결과였다.

거리를 배회하다가 어떻게든 지금 이 난관을 극복해야 했기에 다음 코스를 찾았다. 정신과! 교사로서 이곳을 찾는다는 게 쉽지는 않은 일이었다. 스스로 내가 지금 정신이 올바르지 않다고 인정하는 첫 단추이기에 더 그렇다. 하지만 대안은 없었다. 지푸라기라도 잡아야 해서 마음을 다잡고 정신과 상담을 받았다. 한 달치 신경안정제 처방을 받았다. 위와 같은 마음이 들 때마다 한 알 먹고, 또 먹고, 또 먹었다. 집에서도 마음이 가라앉지 않아서 그때마다 가족들 몰래 약을 털어 넣었다. 신경이 조금 진정된다. 그와 함께 몸도 축 늘어졌다.

'이것이 신경안정제인가. 이것은 치료제가 아니다. 그냥 단순히 상황을 모면해주는 것일 뿐이다. 반드시 벗어나야 한다. 난 할 수 있다. 지금까지 그 어떤 어려움도 잘 이겨냈으니 믿는다. 난 반드시 할 수 있다. 진수야, 절대로 포기하지 마라.'

그때 알게 된 것이 너무 힘들면 전혀 책을 읽을 수 없다는 사실이었다. 한 달에 10권 넘게 읽던 나였는데 1권을 읽기도 벅찼다. 시간이 있어도 책을 손에 들 수 없었다. 아무것도 할 수 없는 인간이 되었던 것이다. 무기력증! 마음이 무너진다는 것이 얼마나 힘든 일인지를 뼈저리게 느꼈다. 그 뒤로 나는 힘들어하는 분들에게 "책을 읽으시면 말끔히 해결됩니다. 지금이 기회입니다, 독서할 기회." 이 따위 조언을 절대 하지 않는다. 그저 묵묵히 책 한 권에 짤막한 편지를 쓰고 나중에 힘이 날 때 읽어보라며 건넬 뿐이다. 어설픈 조언이 불필요하다는 것은 내가 무너지면서 얻게 된 또 하나의 깨달음이었다.

혜민 스님은 어떻게 내 마음을 알았는지 《완벽하지 않은 것들에 대한 사랑》에서 이런 말을 했다.

"사랑한다면 버텨주세요. 힘들어할 때 어떤 좋은 위로의 말을 해서 그것을 빨리 변화시키려 하지 말고 아파하는 그 모습, 힘들어하는 그 심정을 있는 그대로 알아주고 같이 버텨주세요.

그 마음을 공감해주고, 함께 버텨만 주어도 그 사람은 큰 위로를 받고 스스로 알아서 변화의 길을 찾습니다. 좋은 말을 자꾸 해주거나 서둘러 방법을 찾아주려는 것은 어찌 보면 상대의 힘든 상황을 보는 나 자신이 힘들어서일 수도 있어요. 내가 빨리 편안해지려고 자꾸 좋은 위로의 말이나 방법을 찾는 것은 아닌지 살펴보세요."

그래도 뭔가 잡아야 하기에 책장으로 갔다. 나에게 꼭 필요한 책이라는 판단이 들었기에 송수용의 《킬링 리더 VS 힐링 리더》를 집었다. 서문에서부터 나를 더욱 조여 오는 느낌이 들었다. 이유는 당시 교실 속에서 내가 바로 킬링 리더의 모습이었기 때문이다.

"'킬링 리더'는 자신의 언어와 행동, 판단과 선택을 통해 구성원들의 의욕과 사기를 무너뜨리고, 표면적으로는 조직을 위한다는 대의명분하에 실제로는 자신의 욱하는 성격대로 조직을 이끌어 결국 조직의 지속 가능성에 치명적인 해악을 끼치는 리더를 말합니다.

'힐링 리더'는 자신의 마음과 성격을 먼저 힐링해 스스로를 존중하고 사랑합니다. 다른 사람들을 편견이나 선입견 없이 존중으로 대함으로써 구성원들이 스스로 의욕과 자부심을 가지고 자신의 모든 잠재역량을 발휘할 수 있도록 심적, 물리적 여건과 환경을 제공하는 리더를 말합니다."

인정할 수밖에 없었다. 나는 당시 킬링리더로서 우리 반 친구들뿐만 아니라 아내, 자녀 등 학교와 집안 곳곳에서 의욕과 사기를 무너뜨리고 있었다. 벗어나기가 쉽지 않았지만 더 좋은 선물들을 받으며 결국에는 탈출에 성공했다. 지금은 예전에 방황했던 시간까지 모두 되찾기 위해 의미 있는 하루하루를 보내고 있다.

괴테는 그런 나에게 이렇게 이야기하면서 마음을 어루만져줬다. "인간은 노력하는 한 방황하는 법이라네."

김난도 교수는 "웅크린 시간도 너의 삶이다", "천 번은 흔들려야 어른이 된다"고,

김창옥 교수는 "당신은 아무 일 없던 사람보다 강합니다"라고 이야기해주는 것 같았다.

위 저서를 읽으면서 한 가지 붙잡은 것이 있다. 바로 나의 가치였다.

"어떤 경험이든 그 자체로 낭비거나 불필요한 경험은 없습니다. 자신만의 고유한 강점을 발견하는 순간 그 이전까지의 모든 경험은 강점을 중심으로 하나의 초점을 향해 다양한 의미로 엮이게 됩니다."

방황을 이기고 나니 거울 앞에 서 있는 가치 있는 자아가 보이기 시작했다. 나라는 존재가 가치 있게 여겨지니 우리 반 친구들 또한 모두 빛이 났다. 그들은 모두 밝게 빛나는 다이아몬드였다. 아이들의 단점들이 아니라 장점들이 더 잘 보이기 시작했다. 그것들이 교실 속에서 묻

히기보다는 꺼내어 더 큰 날개를 달아주고 싶었다. 메리 케이 애시처럼 상상의 명찰이 보였다. "나를 소중하게 대해 주세요. 저는 이것을 잘해요." 각자가 자신의 리더였다. 교실 속에는 30명의 리더들이 움직이고 있었던 것이다.

그것이 보이기 시작한 후 그동안 교사 주체적으로 실시되던 수업과 학급경영을 하나둘씩 바꾸기 시작했다. 꼬마 리더들의 힘을 진심으로 신뢰하기 시작한 것이다. 그동안 혼자 고군분투하면서 내가 보여주거나 이끌지 않으면 안 된다고 생각했었다. 나는 어른이고 그들은 그저 아이라고만 여겼기에 더욱 힘들었던 것이 사실이다. 난 내려놓았다. 그때 느꼈다, 아이들과 진정으로 호흡하고 있다는 사실을. 같이 뛰놀고 즐기며 행복한 시간들을 보냈다. 제인 넬슨의 《학급 긍정 훈육법》을 읽으면서 교실 속 모습을 조금씩 학생 중심으로 변형시켰다.

"학급에서의 역할을 나누는 것은 학생들이 의미 있는 행동으로 학급에 기여하여 소속감과 자존감을 느끼게 하는 좋은 방법 중 하나다. 역할 분담을 하면 학생들은 자신이 학급에 도움이 되었다는 것에 만족감을 느낄 수 있고, 교사는 모든 일을 혼자 다 하지 않아도 된다."

대표적인 것이 '의미 있는 역할 나누기'이다. 기존에 내가 주관하여 정하던 1인 1역의 형태를 아이들이 교실 속에서 어우러지는 역할로 나누어 진행했다.

1. 의미 있는 역할 제안(포스트잇)
2. 칠판에 하나씩 쓰면서 비슷한 것끼리 유목화하기

3. 필요한 인원도 함께 명시하기

4. 지원자가 많을 경우 의사소통 또는 민주적인 방법으로 정하기

이렇게 진행하니 각자 자신이 원하고 의미 있어 하는 것들을 하게 되었다. '자신의 역할에 의미 있는 별칭 만들기'를 통해 독특함까지 더하니 더 재밌어졌다. 이런 다양한 활동을 통해 알게 되었다. 나는 '그 아이만의 단 한 사람'이 되고, 우리 반 친구들은 '그 어른만의 단 한 사람'이 된다는 사실을 말이다. 서로 상호작용이 이뤄지는 곳이 우리 교실이다. 우리는 모두 킬링 리더를 넘어 힐링 리더로 가고 있다. 함께하는 즐거움을 알게 되니 교육이 무엇인지 조금은 보이는 것 같다.

# 5

# 배움에 대한 간절함, 성장의 10가지 씨앗

"성인(聖人)과 인인(仁人)이야 내가 어찌 감히 되겠다고 할 수 있겠느냐? 하지만 성인과 인인의 도리를 배우고 본받는 데 싫증 내지 않고, 이를 다른 사람에게 가르치는 데 게을리하지 않는다고는 말할 수 있다."

공자는 끊임없이 배움을 추구한 사람이다. 이 말을 들은 제자 공서화가 이렇게 답했다.

"바로 그것이 저희 제자들이 배울 수 없는 것입니다."

공서화의 말을 들으니 한편으로는 위안도 된다. 공자 바로 옆에서 배우던 제자들조차 배움을 게을리하지 않는 게 힘들었다니 나야 뭐, 하는 합리화에 도움이 되었기 때문이다. 하지만 그렇다고 게으른 채 머물지는 않았다. 간혹 무너질 때도 있었지만 그래도 공자가 추구했던 배움의 정신을 더욱 본받고자 노력하고 있다.

동양에 공자가 있다면 서양에는 끊임없이 갈망하고, 우직하게 나가려는 한 사내가 있었다. 나는 그가 과거 입양아였고, 대학을 중퇴했으며, 자신이 세운 회사로부터 버림받는 등 그런 고초가 있었는지 몰랐다. 그의 이름은 변화, 혁신의 아이콘인 스티브 잡스다. 2005년 스탠포드 대학에서의 연설 중 마지막에 이렇게 당부한다.

"Stay hungry, Stay fooligh(항상 갈망하라, 우직하게)"

〈You raise me up〉 팝송을 부르는데 가사 한 구절이 가슴을 적신다.
"There is no life without its hunger.(갈망이 없는 인생은 존재하지 않는다)"

나는 나를 비롯하여 아이들에게 이 갈망을 갖기를 매일 주문한다.
"여러분의 인생 속에서 스티브 잡스, 링컨, 마더 테레사, 아인슈타인, 빌 게이츠, 넬슨 만델라, 에디슨, 세종대왕, 정약용, 안중근, 안창호 등이 지녔던 매 순간을 향한 갈망을 본받아야 합니다. 여러분 내면에 있는 친구들과 이야기를 꼭 나눴으면 해요. 제일 아쉬운 순간이 아무런 갈망 없이 그저 살아간다는 친구들의 고백을 들을 때입니다. 인생은 한 번뿐이에요. 돌아오는 시간은 없어요. 오늘 여러분이 기울이는 노력이 반드시 세상을 바꿀 것입니다. 세상을 바꾸려하기보다는 자신을 바꾸세요. 자신을 바꾸는 방법 중 가장 쉬운 방법은 바로 자신이 무엇을 좋아하는지 찾는 그 갈망에 있답니다."

이야기하는 동안 스스로 물음표를 던져보기도 한다.

'나는 어떤 간절함이 있었는가?'

나에게는 그동안 몇 단계의 간절함의 과정이 있었다.

### 하나, 점수에 대한 간절함!

학창 시절 간절하게 배움을 추구했던 기억을 찾기란 쉽지 않았다. 다만 점수를 간절하게 바랐던 기억만 존재한다. 이유는 공부라도 잘하고 싶었기 때문이다. 흔들리는 가정에서 내가 할 수 있는 것이라곤 공부가 다였고, 꿈은 없었지만 좋은 대학이라도 가야 했기에 그저 점수를 위한 공부에 몸과 마음을 의지했다. 시험을 치르기 전에는 항상 짧게라도 기도하곤 했다.

"노력한 것 이상으로 점수가 잘 나오길 바랍니다."

너무나 이기적으로 간절한 기도 덕분인지 벼락치기 위주로 공부했음에도 불구하고 일정한 점수를 유지하며 학창시절을 보낼 수 있었다. 배움에 대한 간절함이 아닌 점수를 위한 간절함이었기에 점수 인생이 끝나는 시점인 수능 시험과 동시에 배움은 저 멀리 떠나보낸 기억을 가지고 있다.

### 둘, 음악에 대한 간절함!

대학 시절에는 하고 싶었던 음악 동아리에 들어가서 원 없이 노래하고, 원 없이 기타치며, 원 없이 콘서트도 하는 등 즐거운 시간을 보냈다. 하고 싶은 것을 해서 그런지 능률도 오르고 시간 가는 줄도 모르는 등 몸도 마음도 평안했던 것 같다. 노력 이상으로 좋아하고 즐기는 자세가 중요하다는 것을 당시에 알지는 못했지만 몸이 반응했기에 음악적 성장은 그때 자동으로 채워졌다.

### 셋, 돈에 대한 간절함!

돈을 벌고 싶어 이것저것 많은 방황을 했다. 교직에 있으면서도 이기는 재테크를 위해 주식, 네트워크, 부동산 등 많은 시간을 투자했다. 이것에 내 미래가 있는 것 같은 착각을 할 정도로 시간을 투자했다. 덕분에 얻은 것이 많았다.

'시장에 겸손하자!

'시장은 대응의 영역이다!'

'돈을 쫓기보다는 돈이 따라오는 인생을 살자!'

등 주옥같은 경제관념을 세울 수 있는 시간이었다.

### 넷, 살기 위한 간절함!

어쩌면 삶에 대한 간절함을 알려주기 위해 조물주는 나를 이리 돌리고 저리 돌리고 했던 것은 아닐까 싶다. 더 이상 삶을 낭비하고 싶지 않았기에, 나의 삶을 더욱 가치 있게 만들고 싶었기에 치열하게 독서와 글쓰기에 집중했다. 이 두 가지는 물음표로 가득했던 인생을 느낌표로 전환시켜 주었다. 아니 내가 살아온 모든 것들이 그것들로 승화되는 느낌을 받았다. 소크라테스가 청년에게 지혜를 가르쳐주기 위해 행했던 방법처럼 나를 더욱 숨막히는 상황까지 스스로 몰고 갔고, 삶의 빛을 발견하자 급속도로 인생의 변곡점을 맞이하기 시작했다.

진심으로 살고 싶었기에 "저, 살고 싶어요"라고 고백하며 눈물로 호소했던 그 시간들이 부끄럽지 않다. 당시 흘린 눈물 덕분에 눈앞에 떠 있는 무지개를 볼 수 있었다. 미라클 모닝, 필사, 글쓰기, 감사일기, 독서 등 '독서-글쓰기-사색의 3단계 선순환'은 나를 더욱 영글게 하는 힘을 준다.

### 다섯, 나눔에 대한 간절함!

인생살이가 길지는 않지만 다양한 경험을 통해 삶의 방향을 정립해 가고 있다.

"내가 어렸을 때 큰 도움을 받았는데, 지금은 상황이 좋아져 은혜를 갚으려고 보니 도움을 주신 분이 이 세상에 안 계신 경우가 있습니다. 그러면 예전 나와 비슷한 상황에 있는 젊은 사람들에게 도움을 주세요. 먼저 가신 어른도 아마 좋아하실 것입니다."

혜민 스님의 글은 나에게 나눔의 미덕을 격려했고 이를 실천하기 위해 노력하고 있다. 교사를 위한 독서모임 2개, 학부모를 위한 독서모임 1개를 운영하고 있는 이유이기도 하다.

이와 같은 간절함의 단계는 나를 끊임없이 자극하고 있다. 앞서 나에게 '너 자신이 되라'고 일깨워준 거창고등학교 '직업 선택의 10계'를 아래와 같이 배움에 대한 간절함으로 변형시켜 마음 깊이 새겨본다.

1. 배움이 있는 곳을 택하라.

2. 남이 원하는 것이 아닌, 내가 원하는 것을 배워라.

3. 출세를 목적으로 배움을 추구하지 마라.

4. 배우고자 하는 것이 있을 때 하루 10분씩 먼저 투자하라.

5. 친구가 좋아한다고 나에게 좋은 것은 아니다. 스스로 좋아하는 것
을 하라.

6. 미래를 생생하게 그리며 배움의 길로 걸어가라.

7. 함께 성장하는 기쁨을 배워라.

8. 배움의 중심을 잡아라.

9. 현재의 진리에 늘 의심하라. 진리는 언제나 변하기 마련이다.

10. 삶에 가치 있는 배움을 반드시 찾아라.

그리고 프란츠 카프카의 말을 빌려서 두 가지를 조심하라고 경고
한다.

"모든 죄악의 기본은 조바심과 게으름이다."

지속적인 배움이 쉽지 않은 이유는 배움이 당장 삶에 투영되지 않
는다는 조바심에 있다. 지속적인 배움이 어려운 이유는 지속적으로 하
지 않는 게으름에 있다. 배움을 지속적으로 유지할 수 있는 가장 쉬운
방법은 책을 가까이하는 것, 즉 독서라고 생각한다. 매일 책을 읽으면
성장의 기쁨을 날마다 느끼게 되고, 그것이 결국 진정한 배움의 길로
인도한다. 그 어떤 프로그램, 연수, 강연 등 보다 값진 행위는 바로 독

서습관에 있는 것이다. 다시 한 번 헨리 데이비드 소로의 말을 가슴에 깊이 새겨 삶으로 나타나도록 힘써본다.

"얼마나 많은 사람이 독서로 인해 자기 인생의 신기원을 맞이했던 가. 그런 책은 우리에게 기적을 설명하고 새로운 기적을 보여줄 기회를 제공하기 위해 존재하는지도 모른다."

방과 후에 아이들이 마음이 담긴 '글똥누기'를 읽고 있다. 목요일마다 오감사 훈련을 하는데 많은 친구들의 고백에 눈시울이 붉어진다.

"배울 수 있기에 감사합니다."

스티브 잡스의 마지막 말의 씨앗을 나와 아이들의 가슴 안에 심어본다.

"Stay hungry, Stay fooligh"

" 나의 생각 "
난 진정한 꿈을 찾아 나서기 까지 많은 시간이 걸렸다.
곤히 5-1반이 되던순간 난 깨달았다.
못한다고 실패하지 않다 포기하는거다, "노력하면 다된다"
나는 이말을 듣고 꿈을 찾아서 났신다.
바로 찾았다. 나의진정한꿈은 " 교교 사범" 이 되는거였다.
난 꿈을 이룩기위해 포기 X 노력 O 를 실전 할것이다!

# 좋은 교육자를 넘어 위대한 교육자를 만나다

(폴란드의 야누슈 코르착 선생님)

"안타깝게도 너에게 줄 수 있는 것은 이 몇 마디 말밖에 없구나.

신을 너에게 선물할 수도 없다. 신은 네 마음속에서 조용한 명상 속에서 네 스스로 찾아야 하기 때문이다.

너에게 고향도 줄 수 없구나. 고향 역시 네 마음속에서 찾아야 한다.

사랑하는 마음을 줄 수도 없다. 용서 없이는 사랑이 있을 수 없고, 용서라는 것은 모든 사람이 스스로 배워야만 하는 것이기 때문이다.

내가 줄 수 있는 것은 오직 이거 하나

더 나은 삶, 진실하고 정의로운 삶을 위한 갈망!

오늘은 그것이 없을지라도 언젠가는 그것을 얻을 수 있을 것이다.

어쩌면 이 갈망이 너를 신, 고향, 사랑하는 마음으로 이끌지도 모르겠구나.

잘 가라. 잊지 마라.

사람들은 죽음을 두려워합니다. 삶이라는 놀라운 현상은 아주 짧은 시간 지속되는 것임을 모르기 때문이죠. 그렇지 않다면 삶은 그 가치를 잃고, 우리는 쉽게 그것에 질려버릴 거예요. 태어나고 살아가는 것을 배우는 것은 매우 힘든 일입니다. 내 앞에 있는 것, 죽는다는 것은 그것보다도 훨씬 쉬운 일입니다. 죽은 다음에는 더 힘들 수도 있겠지만, 지금은 그 생각을 하지 않으렵니다. 마지막 해, 마지막 달, 마지막 순간까지 신체와 의식이 멀쩡한 채로 죽을 수 있다면 좋겠습니다. 아이들에게 어떻게 작별 인사를 해야 할지 모르겠네요. 그저 이것만은 뚜렷하게 이야기해주고 싶네요. 자유롭게 너의 길을 택하라는 말을요."

– 야누슈 코르착, 《야누슈 코르착의 아이들》 중에서

좋은 교육자를 넘어 위대한 교육자를 보았다. 정유진 선생님의 행복교실을 통해서 알게 된 야누슈 코르착이라는 존재감을 말이다. 그 덕분에 내가 나아가야 할 길을 발견하게 되었다. 이런 사람이 있을까 싶을 정도로 훌륭한 삶을 살아온 야누슈 코르착이 행한 그 무엇에 앞서, 아이들을 향한 무한한 사랑만은 감히 따라할 수도 없을 정도로 완벽에 가까운 것 같았다. 고아원을 떠나 죽음의 가스실로 행진하는 아이들에게 향한 메시지는 나의 마음을 한층 더 빠져들게 한다.

"내가 줄 수 있는 것은 오직 하나

더 나은 삶, 진실하고 정의로운 삶을 위한 갈망

자유롭게 너의 길을 택하라."

많은 위대한 인물을 길러낸 부모님들은 하나같이 이렇게 이야기
한다.

"너의 길을 택하라." 자신만의 길을 가는 사람만이 자신 있게 할 수
있는 한 문장일 것이다. 그런 말을 할 수 있도록 나 역시 나만의 길을 택
하여 끊임없는 정진으로 한 걸음씩 나아가야겠다는 다짐을 해본다.

《야누슈 코르착의 아이들》을 천천히 곱씹으며 그와 같은 시각으로
아이들을 이해하려고 노력했다. 빠르게 읽어서는 안 되는 책이라는 느
낌이 들었기에 제목부터 마지막 말까지 하나하나 놓치지 않으려 했다.
매 학기가 시작되기 전에 만드는 꼭 읽어야 할 나만의 필독서 목록에도
넣어본다. 코르착의 마음을 조금이나마 닮고 싶기 때문이다. 그의 말에
귀를 기울여본다.

각자의 위치에서 이미 하나의 교육학을 써내려 가고 있는 허승환
선생님, 권영애 선생님, 정유진 선생님 등은 공통적으로 수업 기술을
익히기에 앞서 자아성찰의 중요성을 이야기한다.

"선생님 안에는 이미 무한한 잠재력이 있어요. 그 내면의 힘을 믿고 한

걸음씩 나아가 보세요. 쉽지 않은 여정이지만 가치 있는 우리의 길입

니다. 문제가 있을 때는 언제든지 손을 내미세요. 미리 걸어온 선후배

선생님들이 당신의 파트너가 되어줄 것입니다. 분주한 학급생활 속에서 잠시 숨을 고르고 자신의 내면을 들여다보면 자신의 모습과 학생의 모습이 모두 보일 것입니다."

– 허승환, 《허쌤의 학급경영 코칭》 중에서

"질문들을 스스로에게 던지며 내 '내면의 소리'를 들으려 노력하고 귀를 기울인다면 이 직업이 내게 주는 의미 또한 알 수 있다. 그 의미를 먼저 찾는 것이 행복한 교사로서 살아가는 시작이요, 가르침의 시작일 것이다. 프로그램 연수를 열 번 받는 것보다 '내면의 소리'를 느끼고 알아차리는 한 시간이 더 소중하다."

– 권영애, 《버츄프로젝트 수업》 중에서

"자신을 성찰하는 사람은 자신이 무엇을 좋아하고 잘하는지, 무엇을 하며 살 때 스스로를 가치 있게 여길 수 있는지를 탐구하며 삶의 의미를 부여하는 사람입니다. 그러니 행복하겠지요. 그런데 종종 자신은 자기 이해 지능이 높은데 행복하지 않다고 하는 분들도 있습니다. 자기 이해만 하고 현실에서 실천하지 않으면 우울해지기 쉽다는 것을 명심해야 해요. 성찰만으로는 행복해지지 않습니다. 진정한 성찰은 스스로 치열하게 산 사람을 돌아보면서 해야 하며, 그것이 다시 삶으로 돌아갈 때 이루어지는 것입니다."

– 정유진, 《학급운영시스템》 중에서

위에 언급된 선생님 외에도 교실 속에서 행복을 느끼고, 매 순간 가치를 느끼며 학생, 교사, 학부모가 함께 성장하는 교실을 들여다보면 성찰이라는 요소가 빠지지 않는다는 사실을 발견할 수 있다. 개인 성찰뿐만 아니라 공동체 성찰까지 말이다. 교실이 흔들리고 있다면 그 전보다 있는 힘을 다해 자신의 내면과 조우해야 한다. 종교개혁을 이끈 마틴 루터는 삶의 속도가 더욱 바빠지자 자신을 잃지 않기 위해 평소에 했던 1시간 기도를 2시간으로 늘렸다는 이야기가 있다. 우리도 마찬가지다. 흔들리는 교실을 되찾기 위해, 함께 성장하는 수업을 위해 교사 자신의 내면 성찰을 우선으로 하겠다는 강한 의지가 필요한 것은 어찌보면 당연하다.

야누슈 코르착도 아이를 이해하기 전에 자기를 먼저 이해하는 것이 중요함을 일깨워준다.

"자기 자신을 찾으려 애쓰고 스스로 길을 찾아가세요. 아이들을 알려고 하기 전에 자기 자신을 알려고 애쓰세요. 아이들의 권리와 책임을 논하기 전에 당신의 능력이 어느 정도인지 먼저 깨달아야 합니다. 무엇보다 중요한 것은 당신도 한때 어린아이였음을 깨닫는 것입니다. 아이를 기르고 가르치려면 무엇보다도 먼저 아이를 이해해야 합니다."

그 밖에도 무수히 많은 사람들이 강조한 내면의 힘! 난 그들의 말들을 신뢰한다. 자아와 조우하기 위해 새벽부터 일어나 노력하는 이유이기도 하다. 이 글을 쓰는 시점을 보니 미라클 모닝을 시작한 지 정확히 450일이 지나고 있다. 1년 전의 나와 지금의 나는 전혀 다른 삶을 살아가고 있다. 성찰의 중요성을 알고 시작한 것이 아니라 두려움을 떨쳐버리기 위해 했던 행동이 지금까지 이어질 거라고는 상상조차 하지 못했다. 1년이라는 짧다면 짧은 시간 만에 그런 느낌을 갖는 것이 가능하냐고 반문할 수도 있겠지만 지금 내 마음은 'Yes'라고 말하고 있다. 부지런함과 거리가 멀었던 나도 했으니 누구나 가능할 것이다.

단 조건이 있다. 매일 꾸준히 만나야 한다. 책을 읽으면서 자신과 만날 때 잠시 책을 덮고 글을 써나간다. 그때 당시에 생각한 것을 기록하지 않으면 그저 스쳐 지나가는 자아와의 만남이 되기 때문이다. 그런 작업을 계속 해나가니 이제야 조금은 알 것 같다. '나는 누구인가?'에 대한 질문을 던질 힘이 생긴 것이다.

다음과 같은 야누슈 코르착의 말들을 이 책에도 반드시 담고 싶었다. 이것들만 읽고 그렇게 행동하려 노력하고, 이런 시각으로만 아이들을 이해해도 많은 어른들의 가슴 안에 사랑의 꽃이 피어날 것이기 때문이다. 마지막 잎새는 동화 속에 있지 않다.


"어린이를 알려고 하기 전에 자신을 먼저 알려고 애쓰세요.

'모르겠다'는 것이 바로 새로운 통찰이 시작되는 곳입니다.

나쁜 길을 가려는 아이에게는 아직 신뢰할 만한 세상이 있다는 걸 보여주세요.

어린이는 내일의 희망으로만 존재하는 것이 아닙니다. 이들은 지금, 여기 이미 존재합니다.

'잘못했어요'란 말을 들으려 애쓰는 대신 어른의 따뜻함을 보여주세요.

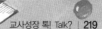

아이가 비밀을 털어놓았나요? 그렇다면 고맙다고 말씀하세요.

사과꽃도 사과만큼 소중합니다.

아이들에게도 의무만큼이나 소중한 권리가 있습니다.

다른 사람을 생각하라고 강요하지 마세요.

꿈과 소망은 자랑해도 좋은 것입니다.

아이들을 진지하게 대한다면 그들의 능력에 놀라지 않습니다.

아이들을 통해 말씀하시는 신의 목소리가 들리십니까?

아이와 어른이 다른 점, 그것은 단 하나. 아이는 돈을 벌지 못한다는 것입니다.

모르고 지나치는 거대한 불균형의 시기를 기억합시다.

낯선 곳에서는 모두 어린아이와 같습니다.

아이들은 왜 흉내를 내는 것일까요?

어른을 신뢰하지 않으면서도 그를 의지해야 하는 아이의 마음을 아십니까?

'어떻게' 노느냐가 중요합니다.

아기들의 몸짓 언어를 들어보세요.

아기는 말을 하지 못해도 대화할 수 있답니다.

실수를 하고, 그 실수를 넘어서게 하세요.

무기력한 아이로 만들고 싶으세요? 그러면 그림같이 키우세요.

아이들이 싫어하는 사랑 표현을 아십니까?

때때로 우리는 어른이어서 순수할 수 없기도 합니다.

어린이는 어른들의 표정을 읽습니다.

아이가 한숨을 내쉴 때를 유심히 보세요.

아이들은 어리석지 않습니다.

어른들은 유리한 패를 쥐고 어린이와 카드놀이를 합니다.

심판하는 마음이 실망을 부릅니다.

각각의 심장이 품고 있는 서로 다른 난제들이 똑같은 교복에 갇혀 있습니다.

나쁜 행동? 어떻게 할지 모를 뿐이랍니다.

어른들은 가끔 울음의 의미를 이해하기보다는 울지 않는 아이를 원합니다. 그것은 잔혹한 일이지요.

커다란 어려움을 극복했을 때 가장 큰 기쁨을 느낍니다.

아이들은 순진한 듯 꾀를 부리고 겸손한 듯 고집스러운 노련한 배우이기도 합니다.

아이들에게 어른을 신뢰할 자유를 줍시다.

어린이, 다 갖추지는 못했지만 많은 것을 갖고 있는 사람

미래가 아니라 지금, 여기 살아 있는 삶, 어린이

노인의 주름진 이마만큼 아이의 맑은 눈도 소중합니다.

완벽한 아이는 위선입니다.

잘못을 저질렀어도 소년은 소년입니다.

기대한다는 것은 이기심입니다.

아이들을 이해하려면 그 재능을 귀하게 여기십시오.

쌓인 눈 밑의 땅속은 이미 봄이 지배하고 있습니다.

아이의 미소, 눈물, 홍조를 잘 보세요. 그들의 영혼을 조각할 수 있

습니다.

지금 당신의 미소를 선물하세요.

안타까운 일 하나, 아이들도 경제적인 고민을 합니다.

아이가 부모나 선생을 두려워하는 것은 참 끔찍한 일입니다.

여기 진정한 시인, 사색가를 소개합니다.

어린이 권리선언은 계속되어야 합니다.

쏟아지는 질문으로 동화를 한 편 만들어봅시다.

아이들은 생각이 부족하지 않습니다. 그저 어른과 다를 뿐입니다.

아기는 손으로 본답니다.

몰두하기와 싫증 내기, 모두 아이다운 특성이지요.

믿을 수 있는 어른이 필요합니다.

고귀한 정신을 심어주세요. 최소한 정직한 사람으로 자라야 합니다.

뭔가에 집중한 아이를 보셨습니까? 그는 지금 신과 대화하고 있는 것입니다.

그의 인생을 만들어주시렵니까?

아이를 위해 포기해야 할 것이 무척 많습니다.

모두가 70대에 삶을 접는 것은 아닙니다. 두어 살 봄날에도 그럴 수 있습니다.

신이여, 아이들을 가장 편한 길이 아니라 가장 아름다운 길로 이끌어주십시오.

나는 연구자입니다. 내가 연구하는 이유는 더 많은 질문을 하기 위해서입니다.

세상에는 변화가 필요하고, 당신은 바른길을 찾으려 애씁니다.

정신과 사고는 우리가 일하는 공간입니다.

몸이 작다는 건 정말 힘들어요.

작은 사람, 작은 소망, 작은 기쁨, 작은 슬픔 등 이 모든 작은 것들도 소중합니다.

아이에게 자신을 실망시키지 않는 사람이 있다는 걸 보여주세요.

고통 속에서 얻은 통찰력은 가치가 있습니다.

'내 아이'라고 말하는군요. 그럴 권리가 있습니까?

당신이 먹는 빵 한 조각은 당신을 부르는 미소가 됩니다.

엄마와 아이는 미세하고 미묘하게 교감하지요.

당신은 이미 존재하고 있는 것을 모아 아이에게 전해주었을 뿐입니다.

아기, 그 안에 숨어 있는 우주를 보세요.

어린이라는 양피지에 가득한 상형 문자를 해독해보세요.

당신은 종종 뒷날을 보지만, 아이의 시선은 앞날에 고정됩니다.

마음에 떠오른 직관과 통찰을 믿으세요.

아기 눈을 들여다보세요. 거기 수백 가지 다른 눈빛이 있습니다.

지금 앓는 감기로 다음에 앓을 독감을 이길 힘을 얻습니다.

아기는 신발을 타고, 바깥 동화나라로 달려갑니다.

컵이 깨지는 순간 아이는 새로운 세상을 봅니다.

작지만 사랑스러운 이방인을 소개합니다.

아이들은 모든 것을 확인하고 경험하고 싶어 합니다.

아이들의 침묵은 때때로 정직함을 표현하는 방법입니다.

부부간의 사랑을 아이는 바로 흡수합니다.

솔직하길 바라면서 정작 솔직한 말을 듣기는 싫어하는 어른이 많습니다.

엄마 마음은 아이와 함께 성숙해집니다.

잡동사니 같지만 그건 아이의 꿈을 담은 작은 보물상자입니다.

지금 이 순간은 다시 돌아오지 않습니다.

비록 느낌이나 생각을 잘 표현하진 못하지만 아이들은 시인이고 철학자랍니다.

어른이라는 특권으로 아이의 잘못만 꼼꼼히 기록하는지요?

아이들을 대하는 두 가지 감정, 사랑과 존경

아이와 어른이 사용하는 단어는 의미가 다를 수도 있습니다.

사람은 결국 물과 원소의 결합일 뿐입니다.

아이의 영혼도 어른만큼이나 복잡합니다.

기쁠 때보다 슬플 때가, 웃음보다는 눈물이 많지만 그건 누구의 잘못도 아닙니다.

직관을 믿고 삶의 규칙을 스스로 찾아내세요.

생각하기를 싫어하는 사람들만 다양성을 불편해합니다.

도덕률보다는 따뜻한 마음이 필요합니다.

다루기 쉬운 아이로 만들려 하지 마세요.

아기들도 뚜렷하고 확고한 인격이 있다는 사실을 놓치지 마십시오.

아이의 방해를 반가워합시다. 그 시간에 아이는 우리가 어떤 사람인지를 파악합니다.

'나'라는 짧은 단어의 의미를 이해해야 합니다.

앞날에 대한 기대가 종종 현재를 왜곡합니다.

어른들은 자신에게 허용된 자유를 어떻게 이용할지조차 모릅니다.

무책임한 대답을 조심해야 합니다.

어른의 눈으로 어린이의 성공을 평가하지 마세요.

일찍 자고 일찍 일어나야 할까요?

자연이 보여주는 기적을 만끽해야 합니다.

국방비가 교육비보다 많이 지출되는 현실이 안타깝습니다.

자연을 해치는 건 사람뿐이에요.

어린이 법은 어린이에게

냉담한 아이들, 결코 나쁘지 않은 아이들"


야누슈 코르착처럼 아이들을 바라보는 관점을 갖고 싶다.

# 5부

# 교사의 성장이
# 최고의 수업을 만든다

# 1

# 아이들의 꿈성장 프로젝트를 시작합니다

나는 꿈을 꾸는 자이다

꿈은 나를 더욱 나답게 만든다

꿈의 날갯짓은 향기롭다

나는 그 향기를 통해 더욱 살아갈 힘을 얻는다

삶은 무엇인가

나는 그것을 끊임없이 탐구한다

꿈은 무엇인가

나는 그것을 끊임없이 연구한다

행복이란 무엇인가

나는 그것을 끊임없이 질문한다

가치란 무엇인가

나는 그것을 끊임없이 바라본다

드디어 알았다

삶, 꿈, 행복, 가치는 모두 하나라는 것을

나는 그래서 오늘도 꿈을 꾼다

어느 날 문득 이른 새벽에 일어나 아이들을 생각하면서 '꿈'이라는 주제로 시를 지었다. 나는 쓰면서 알게 되었다. 우리의 삶은 꿈꾸는 자에게 꿈을 이뤄준다는 사실을. 우리 반 친구들에게는 매월 미션이 있는데, 그중 한 가지가 두 편의 시를 짓는 것이다. 시에는 아이들의 마음이 투영되고 무엇보다 무궁한 상상력이 가미된다. 이오덕, 박문희가 엮은 마주이야기 시인《침 튀기지 마세요》를 읽고 아이들의 눈에 대해 무한한 에너지를 느꼈다. 27편의 시들은 모두 우리의 삶을 걸러지지 않은 그대로 투영하였기에 더욱 공감이 되었다. 우리 아이들에게도 그런 감성이 있기에 나는 시 짓기 활동을 학기 초부터 꾸준히 강조한다.

1학기는 주제를 설정하고, 2학기에는 자유시를 적게 하고, 그것을 11월에 책으로 엮는 작업을 한다. 문집을 넘어 세상과 소통하는 책으로 말이다. 그것이 하나의 책으로 나올 수 있도록 나는 편집자의 눈으로, 아이들은 창작자의 눈으로 서로 상호작용을 한다.

'꿈'에 대한 주제를 던졌을 뿐인데 아이들 각자의 다른 세계가 그려진다. 진형이에게서 꿈을 향한 배려의 미덕이 느껴진다. 우리 모두가 각자의 꿈을 향해 나아가는 가치 있는 노력을 하고 있는 모습이 보인다.

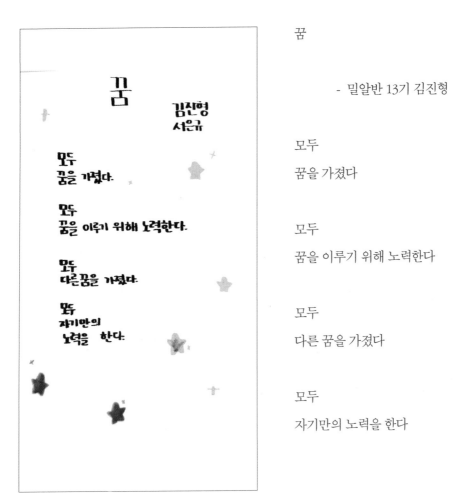

꿈

- 밀알반 13기 김진형

모두
꿈을 가졌다

모두
꿈을 이루기 위해 노력한다

모두
다른 꿈을 가졌다

모두
자기만의 노력을 한다

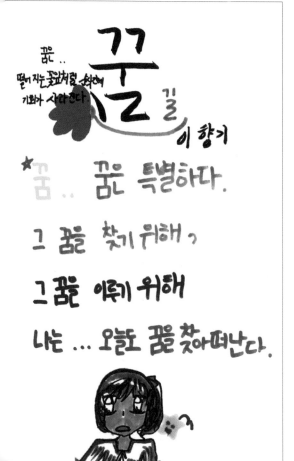

꿈 길

      - 밀알반 13기 이향기

꿈... 꿈은 특별하다
그 꿈을 찾기 위해
그 꿈을 이루기 위해
나는... 오늘도 꿈을
찾아 떠난다

자신 안에 이미 강력한 힘이 있음을 우리는 알고 있다. 사람은 살아 있는 동안 자기 능력의 3%만 발휘한다고 하니 나머지 97%는 잠재력인 셈이다. 우리는 이것을 끌어낸다. 그것을 가능케 하는 것은 끊임없는 탐험가 정신이다. 향기는 그 정신을 갖고 있기에 미래가 더욱 기대된다.

> "어떤 장애물이 내 앞을 가로막더라도 뜨거운 노력으로 극복할 것이다. 나는 유용한 인물이 되기 위해 끊임없이 노력할 것이다."
>
> – 레오나르도 다빈치

탐험가 정신이 없다면 장애물을 넘는 추진력이 부족해 쉽게 포기할 것이다. 그러나 이탈리아 르네상스를 대표하며 근대적 인간으로 칭송받는 다빈치가 장애물을 넘는 능력을 노력으로 극복한 것처럼, 우리에게도 '꿈'이 있으니 얼마든지 그럴 수 있다.

나는 미미 레더 감독의 〈아름다운 세상을 위하여〉에 나온 '도움 나누기'처럼 '꿈 나누기' 운동이 실현되는 꿈을 꾼다. 그 영화의 포스터에는 이런 문구가 있다.

"우연은 없습니다. 사랑은 만들어가는 것입니다."

나는 이렇게 바꾸고 싶다. "우연은 없습니다. 꿈은 만들어가는 것입니다."

주요 내용은 이렇다. 중학교에 진학한 주인공 트레버에게 선생님이 미션을 준다. "우리의 세상을 바꿀 수 있는 방법을 생각하고 그것을 행동에 옮겨라." 트레버는 '3명에게 도움주기'라는 아이디어를 내고 실천했는데, 이것이 미국 전역에 큰 이슈를 만들어냈다.

이것을 그대로 꿈으로 연계시켜 나로부터 3명의 사람들에게 꿈꾸기를 전파하면 어떨까? 꿈을 꾸는 자는 절대로 포기하지 않는다. 반드시 이룰 때까지 도전하고 또 도전한다. 이런 열정을 가진 사람들이 주위에 계속 많아지면 그 꿈의 고리가 하나로 연결되어 나는 물론 우리 가족, 지역, 국가, 세계가 꿈으로 물들 것이기 때문이다.

"우리 반 친구들을 포함해 딱 주변 사람 3명에게 꿈을 전도하는 꿈 전도사가 되면 어떨까요? 트레버의 도움 나누기라는 작은 열정이 세상을 변화시킨다는 것을 확인했듯이 우리도 이를 본받아 보자고요. 꿈을 나누세요. 우리가 왜 밀알반인가요? 한 알의 밀알이 떨어져 많은 열매를 맺는다고 하지요? 우리가 바로 그 밀알입니다. 세상을 변화시키는 밀알! 영원한 꿈지기가 돼주세요. 선생님은 여러분들의 꿈을 더욱 응원합니다. 그 변화의 시작은 바로 지금입니다."

# 2

# 학생, 학부모, 교사: 함께 성장을 꿈꾸다

　"이번 시간은 카시오페이아와 북두칠성을 활용하여 북극성의 위치를 찾는 활동입니다. 함께 탐구하여 일아낸 공식이 있지요? 그 공식대로 찾아서 그림에 북극성을 표시해볼까요?"

　과학시간 별자리 시간이다. 우리는 함께 북극성을 찾고 있다. 한 주 동안 과제로 별자리를 관찰해보도록 했다. 나 역시 밤하늘을 관찰해봤다.

　'북두칠성이 어딨더라? 저기에 있군. 한 칸, 두 칸, 세 칸, 네 칸……'

　북극성을 찾았다. 그리고 한참 동안 바라보았다. 우리 반 몇 친구들도 보고 있을 것이다. 각자의 위치에서 우리는 같은 별자리를 보고 비슷한 방법으로 찾아냈을 것이다. 문득 이런 생각이 들었다.

'나만의 북극성 또한 이렇게 너무 공식화해서 찾으려고 한 것은 아닐까?'

아이들에게 '너의 꿈을 찾아라'라고 주구장창 외치고 있지만 그 말을 하기에 내가 떳떳한 사람인가를 돌이켜본다. 만약 Yes라면 더욱 힘차게 성장의 길을 가면 될 것이고, No라면 다시 마음을 다잡고 다시 걸어가면 그만이다. 이제는 자신 있게 이야기할 수 있다. Yes라고!

대학 시절부터 막연하게 어떤 선생님이 되고 싶다고 강하게 자극한 영화 한 편이 있다. 수업받은 것들 대부분이 사라진 아쉬움 속에서도 장기 기억으로 남은 유일한 한 가지는 국어 수업에서 봤던 피터위어 감독의 〈죽은 시인의 사회〉이다. 그 영화 속 주인공인 키팅 선생님은 내 귀에 직접 말해주는 것처럼 어디서도 듣지 못한 자아를 일깨워주었다.

"이제부터 여러분 나름의 길을 걸어라. 방향과 방법은 마음대로 선택하라. 그것이 자랑스럽든, 바보 같든, 일단 걸어보아라."

그렇다. 나만의 길은 정도가 있는 공식화된 길이 아니다. 나는 아이들에게 짜여진 극본 같은 삶이 아니라 스스로 이야기를 만드는 삶을 가르쳐야 한다. 그것이 나의 사명이고 그것이 교사의 역할이다. 간혹 전해지는 학부모님들의 고백이 내가 가는 길이 가치 있음을 말해준다. 큰 힘이 되었기에 가감없이 그대로 전해본다.

"선생님, 아이가 갑자기 이런 말을 해서 깜짝 놀랐어요. 선생님과 함께 하는 일상은 매우 특별하다고."

"선생님, 지치지 말고 지금처럼 아이들과 정말 소중한 교육을 진행해주세요. 작년부터 올해까지 선생님을 만나 참교육을 맛볼 수 있어서 항상 감사합니다. 혁신학교도 대안학교도 전혀 부럽지 않답니다."

"선생님 덕분에 아이가 1년 동안 즐거운 학교생활을 보냈습니다. 밀알반은 제 마음속에, 그리고 제 아이의 가슴속에도 영원히 간직하겠습니다."

"좋은 스승이 얼마나 아이들에게 중요한지 다시 한번 깨닫게 됩니다. 선생님은 아이들에게 진정한 스승입니다."

"부모와 아이에게도 목표를 갖게 해주셔서 감사합니다."

"선생님에게서 희망이 느껴집니다. 우리 아이들의 미래가 되고 희망이 되는 선생님의 하루를 응원합니다."

"아이가 학교생활을 너무 잘하고 있어서 좋습니다. 아이가 변화된 모습을 보니 너무나 감사한 마음입니다."

"아이가 스스로 서점에서 책을 골라 읽기도 하고, 책을 읽으면서 감성도 많이 풍부해졌습니다. 좋은 스승님을 만난 덕이라 생각합니다."

"학교도 이런 수업이 가능하다는 것이 놀라웠어요. 개인이지만 선생님 한 분 한 분의 역량과 헌신이 아이들을 바르고 행복하게 만들 수 있다는 것의 가능성을 보게 되는 시간이었습니다. 아이에게 이런 반에서 이런 마인드를 지닌 선생님과 함께할 수 있는 기회가 주어져 감사드립니다."

"아이들이 어떤 걸 잘하는지 그에 대한 특기 같은 걸 잘 살려주시는 게 좋았습니다."

"아이가 학교생활에 큰 만족감을 가지고 있는 것이 좋았고, 다양한 교육활동을 실시하여 수요자 중심수업을 하신 것에 감사합니다."

나에게 있어서 학부모는 멀게만 느껴지는 분들이 아닌 아이를 위해 반드시 함께 가야 할 분들이다. '학생-학부모-교사' 나는 이 황금의 삼각형을 통해 함께 성장을 꿈꾼다. 3개체 모두 정말 중요한 영역이기에 단 한 곳도 포기할 수 없다.

우리 반에 만화 그리기를 좋아하는 친구들이 많다. 이들에게 좋은 길을 보여주기 위해 그에 맞는 공모전을 기다리던 중 한번 도전해볼 만한 것이 나왔다. 한국만화영상진흥원에서 주관하는 '세계 어린이 만화가 대회'가 그것이다. 만화에 관심 있는 아이들에게 적극 홍보하니 많은 친구들이 신청하고 싶어 했다.

자유로운 주제로 8절지에 칸 만화를 그리는 것이었는데, 은규가 8절지 3장에 48컷의 만화를 그려왔다. 제목은 〈내가 좋아해〉라는 학원 로맨스였다. 장장 5시간 동안 앉아서 그림만 그렸다고 한다. 몰입도가 보통이 아니었다. 즐거운 마음으로 작품을 제출하고 결과를 기다렸다. 심사일이 다가오자 우리는 조심스럽게 홈페이지 공지사항을 열었다. 결과는 본선 진출! 40명에게 주어지는 본선 티켓을 받은 것이다. 대단한 쾌거였다. 이후 2박 3일 합숙 본선 무대에서 아낌없는 재능을 발휘한 은규의 발자취 하나하나에 나는 진심어린 박수를 보냈다. 이런 시간이 훗날 어떤 모습으로 확장될지 더욱 기대가 된다.

　나는 나를 만나는 모든 사람들에게 삶의 길잡이가 되고 싶다. 장자의 '도행지이성(道行之而成 길은 우리가 걸어가는 데서 완성된다)'의 삶을 살아가는 것이다. 그의 말을 나만의 언어로 바꿔본다.

　도: 도전하는 삶
　행: 행동하는 삶
　지: 지혜를 구하는 삶
　이: 이해하는 삶
　성: 성장하는 삶

　나를 만나서 뭔가에 조금이라도 관심을 갖고 배우고자 한다면 그것만으로도 가치 있는 삶을 살았다고 자부할 수 있을 것이다. 어느 날 해인에게서 문자가 왔다. 내가 롤모델이 누구인지 숙제를 내준 그날 저녁이었다.

　"선생님, 제 롤모델은 바로 김진수 선생님이십니다."

　부끄러웠지만 기분은 좋다. 사양하지 않으리라. 내 삶이 최고의 교과서인 것을 알기에 나는 오늘도 도전, 행동, 지혜, 이해, 성장의 삶을 꿈꾸며 나아가고 있다.

# 3
## 교사가 성장해야 아이들도 성장한다

"인생이라는 작품에서 중요한 것은 넘어진 적이 없다는 것이 아니라 그렇게 넘어졌음에도 그곳에 머무르지 않았다는 것입니다."

– 프란치스코 교황

    나는 그동안 수없이 넘어진 사람이다. 죽고 싶을 만큼의 고통도 느껴봤고 심신이 지칠 때로 지쳐 바닥까지 간 경험도 있다. 그러기에 하루하루 새로운 삶을 얻었다는 기분으로 살아간다. 난 죽을 때까지 매일 성장을 외치며 실천하며 살아갈 것을 다짐한다. 나는 크게 3가지의 성장의 시간을 가지고 있다.

### 첫 번째, 나를 위한 성장

새벽에 일어나면서 이 시간은 오로지 나를 위해 쓴다. 2016년 첫 번째 만났던 할 엘로드의 《미라클 모닝》을 읽고 별다른 감흥이 없었다. '뭐? 하루 6분 투자로 인생이 변한다고? 하하하, 그냥 웃지요.'

그의 저서에서는 이렇게 이야기했다.

"나의 첫 번째 과제는 자기계발을 '실현'할 시간을 찾는 것이었다."

"침묵, 독서, 다짐, 상상, 일기, 운동 / 6분의 기적"

"내가 진정으로 원하는 성공과 자유와 삶의 질을 만들어낼 수 있는 사람이 되자."

그러던 것이 내가 크게 무너지고 난 후 미라클 모닝이 서서히 체득화될 때 다시 읽어보니 모든 저자의 말이 귓가에 들리며 가슴 깊이 새겨지더라. 전에는 보이지 않던 문구로 가득했다.

"오늘 아침 일어날 수 있으니 이 얼마나 행운인가?"

– 달라이 라마

"당신이 할 수 있는 가장 커다란 모험은 당신이 꿈꾸던 삶을 사는 것이다."

– 오프라 윈프리

"인생의 커다란 변화를 만들고 싶다면, 당신에게 필요한 건 영감, 혹은 절망이다."

– 토니 라빈스

"당신이 어떤 것 하나를 하는 방식이 곧 당신이 모든 것을 하는 방식이다."

"성공은 당신이 만들어낸 그 사람이 끌어당기는 것이다."

– 짐론

"특별한 삶은 매일 끊임없는 개선을 통해 만들어지는 것이다."

– 로빈 샤르마

수많은 성공 메시지가 나에게 가득 다가왔다. 어둠으로 얼룩진 찌꺼기를 서서히 벗겨내니 새로운 '나'가 잉태되는 느낌이었다. 특히 아래 두 문장이 내 마음을 송두리째 앗아갔다.

"우리를 가장 두렵게 하는 것은 우리의 어둠이 아니라 우리의 빛이다."

– 마리앤 윌리엄스

"사랑하는 사람에게 줄 수 있는 가장 위대한 선물은 우리가 가진 가능성을 완전히 실현하며 사는 것이다."

– 할 엘로드

삶의 자신감을 얻게 되었고 내가 가진 가능성을 더욱 가치 있게 실현하기 위해 미라클 모닝을 즐기게 되었다. 그때 만난 것이 《톡톡튀는 아내의 비밀 톡 talk》 엄남미 작가, 《성장하는 엄마 꿈이 있는 여자》 김미경 작가, 《내가 글을 쓰는 이유》 이은대 작가, 《위대하라》 강건 작가 등 수많은 저자들이 내 스승이고 내 성장의 발판이 되었다. 나는 그들의 삶을 완전히 베껴나가기 시작했다. 그들의 열정을 본받고 나 역시 성장의 길을 가고 싶었다. 필사의 힘을 알게 되었고, 글쓰기의 힘까지 느낄 수 있게 되었다. 그 모든 것들이 다 하나로 통한다는 것을 이제는 알 수 있다.

새벽 5시 19분에 엄남미 작가로부터 SNS 댓글이 달렸다.

"저 무지무지 행복해요. 새벽인 지금 이 시간은 황금시간이라 감사합니다."

"황금의 시간 양보할 수 없네요, 이제는."

"그럼요."

새벽에 이렇게 누군가와 대화할 수 있다는 것은 꿈도 못꿨었지만 지금은 수많은 사람들과 이야기를 나누고 있다. 그들 모두 하나의 목소리를 낸다. "미라클 모닝"

니체의 고백이 나를 더욱 겸손한 자세로 무르익게 한다.

"그대의 과일은 익었으나, 그대는 그대의 과일에 어울릴 만큼 이지 못했구나! 그러므로 그대는 다시 고독 속으로 돌아가야 한다. 앞으로 더 무르익어야 한다."

### 두 번째, 우리를 위한 성장

학교에 출근하면서 바로 나를 잠시 잊고 우리를 바라본다. 나보다 일찍 온 아이들과 한 명씩 인사를 나눈 뒤 교실을 한 바퀴 돌며 자리를 정돈한다. 칠판에 아침편지를 쓰면서 지금 이 상황에 어울리는 명언과 이야기를 생각한다. 알림장 체크, 하루미션, 아이비 리 6가지 법칙, 수업 준비, 선생님들의 메시지, 10분 논어 읽기, 전달사항 등을 하다 보면 간혹 슈퍼맨이 된 듯한 느낌이 들 때도 있다. 커피 한 모금을 마시며 하루의 일과를 스캔하고 키워드 형식으로 우선순위를 나눈다. 이런 식으로 나 역시 아이비 리 6가지 법칙을 활용하고 있다. 에버노트 메모장으로 내가 추진해야 할 것들을 하나하나 꼼꼼히 체크한다.

내 하루의 목표는 아이들과 한 가지라도 의미 있는 시간을 보내는 것이다. 그 의미가 가져다주는 것은 엄청난 나비효과를 발휘할 것이기에 놓칠 수가 없다. 아이들과 함께 가치 있는 것을 선택한다. 아이들의 의견에 귀를 기울이고, 단 하나라도 놓치지 않기 위해 메모하고 또 메모한다. 때로는 사과를 통해 나의 잘못을 인정하기도 한다. 나 역시 사람이기에 실수할 때도 분명히 있다.

학급이 즐겁고, 수업이 즐겁다. 내가 성장의 느낌을 가지니 아이들도 함께 성장의 기쁨을 느낀다. 우리는 그렇게 하루하루 성장해간다. 밀알이야기를 통해 또 다른 성장을 나눈다. 자신이 못 보았던 면을 함께 볼 수 있는 장이 된다. 오프라인, 온라인 모두 우리는 성장의 기쁨을 공유한다.

"나는 포기하지 않고 나날이 열심히 공부해서 점점 발전할 것이다. 어려운 일이 있어도 포기하지 않고 잘 풀어서 발전할 것이다. 아자! 왜냐하면 포기하면 끝이기 때문에 나는 포기 대신 성장할 것이다. 꼭 성장할 것이다."

혜원이의 열정이 느껴지는 문구이다. 나는 최대한 아이들이 원하는 수업을 구상하고 있다. "여러분이 좋아하는 일을 택하세요. 그러면 성공은 자연히 따라오게 됩니다." 워런 버핏은 나의 생각을 옹호하는 말로 나를 다독인다. 최대한 아이들의 잠재력을 끌어내기 위해 고민할 뿐이다. 그 고민은 절대 배신하지 않는다. 아이들이 힘이 느껴지기 때문이다. 나는 그 느낌을 그저 발견하게 해주면 된다. 그럼 스스로 아주 잘 성장한다.

나는 아이들에게 성장의 기름을 붓는다. 먼저 나부터 솔선수범으로 이끌어갈 뿐이다. 마음속 동기부여를 지속적으로 심어주어 크리스 가드너처럼 매일 한 걸음씩 함께 손잡고 전진한다.

"확신이 서지 않을 때마다 이렇게 반복해보라. 앞으로 가는 한 걸음이라도 괜찮다. 결승선을 지날 때 비틀거릴거나 머뭇거리며 간신히 걷더라도 어떻게든 걷기만 한다면 걸음마라도 좋다."

우리는 그렇게 매일 함께 성장해간다.


### 세 번째, 가족을 위한 성장

육아는 나에게 진정한 교육의 눈을 뜨게 해주었고, 사랑을 알게 했으며, 무엇보다 나의 내면 아이에게 치유와 성장을 준 귀한 선물이다. 육아를 하기 전에는 나를 사랑할 줄 몰랐다. 그런데 이제는 나를 사랑한다고 끊임없이 하루에 12번씩 포옹해주고 있다.

"살아남기 위해서 우리는 하루에 네 번의 포옹이 필요하다. 계속 살아남기 위해선 하루에 여덟 번의 포옹이 필요하다. 그리고 성장을 위해선 열두 번의 포옹이 필요하다."

버지니아 스테어의 글을 통해 알게 되었다. 성장을 위해 나를 더욱 포옹해야 한다는 것을.

혜민 스님도 자신을 사랑하라고 가까이서 이야기하는 것 같았다.

"나 자신에게도 좋은 사람이 되세요. 사랑하면 그 사람하고만 시간을 보내고 싶듯 오늘은 사랑하는 '나'하고만 한번 시간을 보내 보세요. 맛있는 것도 사주고, 좋은 영화도 보여주고, 경치 좋은 곳으로 데려가주고 해보세요. 사랑하는 사람에게 공들이듯 나에게도 공들여보세요.

사랑하는 여러분, 스스로 부족하다고 느끼는 그 부분이 있기 때문에 타인을 좀 더 이해하게 되고, 또 그 부분 때문에 더 부단히 노력해 결국 성공하게 될 것입니다. 우리, 내 부족한 부분을 원망만 하지 말고 고마움의 눈길로 한번 바라봐주세요."

결혼은 두 사람이 하는 것 같지만 실질적으로는 네 사람인 것과 같다. 아내의 내면아이, 남편의 내면아이가 더 있기 때문이다. 우리 부부는 쌍둥이를 낳았으니 아이들의 내면아이까지 합하면 8명이 함께 사는 셈이다. 마더 테레사는 사랑은 가장 가까운 사람, 가족을 돌보는 것에서부터 시작된다고 했다. 우리는 가족을 통해 진정한 사랑의 힘을 느낀다. 김경집은 《위로가 필요한 시간》에서 이런 여운의 말을 남겼다.

"이 세상에 태어나 우리가 경험하는 가장 멋진 일은 가족의 사랑을 배우는 것이다."

사랑의 힘은 정말 크다. 그것을 아는 것은 가장 귀하고 멋진 일이다. 사랑이 곧 성장이고, 성장이 사랑이 된다. 가족 안에서의 성장의 발판은 사랑을 통해 실현된다.

나를 위한 성장, 우리를 위한 성장, 가족을 성장 모두 하나로 연결된다. 그것은 결국 아이들의 성장으로 귀결되기에 어느 것 하나 포기할 수가 없다. 성장은 삶을 살아가는 원동력이다.

# 4

# 좋은 교사를 넘어 위대한 교사로!

"선생님이 먼저 행복해야 아이들이 행복합니다. 선생님이 먼저 꿈을 꿔야 아이들도 꿈을 꿉니다. 교실의 작은 변화를 통해 교사가 더 행복한 교실을 만드세요. 습관의 힘, 말의 힘, 꿈의 힘을 통해 킹핀 효과를 누리셔야 합니다. 좋은 교사를 넘어 우리는 위대한 교사로 성장해야 합니다."

오프라인 연수에서 만난 김성효 선생님은 위대한 교사의 마인드를 나에게 심어줬다. 그리고 이런 말로 나에게 나눔의 미덕을 알려주었다.

"위대한 선생님은 비전을 공유합니다."

나도 그런 선생님이 되고 싶다.

(1)

한 남자가 오늘도 울고 있다. 최근 몇 달간 우울증에서 벗어나지 못해 정말 힘들어한다. 그 남자에게 부양가족이 있다는 사실이 더욱 힘겹다. 세상을 놓아주고 싶은 마음도 들고 온갖 부정적인 마음, 불안한 마음, 두려운 마음이 매일 매 순간 엄습해온다. 아침에 일어나면 가장 먼저 이런 생각이 든다.

"또 눈이 떠졌구나. 그냥 계속 감고 싶다. 오늘도 힘든 세상 어떻게 살아가나."

부정적으로 시작해서 부정적으로 하루를 마감한다. 집에 와서도 창밖을 멍하게 쳐다보고만 있다. 그래도 이것을 이겨내기 위해 매일 기도하는 모습이 측은하기까지 하다.

"반드시 이겨내리라. 반드시 이겨내리라. 난 할 수 있다. 난 할 수 있다."

그는 그렇게 하루하루 힘겨운 싸움 중이다.


(2)

그런 그를 바라보는 아내가 있다. 아내의 속은 타들어간다. 가장이라는 사람이 한순간에 무너졌으니. 어떤 이야기를 해도 남편은 묵묵부답이다. 아내가 봤을 때는 두려운 실체가 없기 때문에 그런 남편의 행동이 이해되지 않는다. 이렇게 가진 것이 많은데 무엇이 문제인지 도통 알 수 없고, 대화도 통하지 않는다. 애기 돌보는 것도 쉽지 않은데 이젠 남편까지 돌봐야 하니 걱정이 이만 저만이 아니다.

가정의 문제를 알고 있다. 그렇다고 남편처럼 무너지지 않는다. 엄마니까, 아직 젊으니까, 그리고 가족이 함께하니까. 무너질 이유가 없는데 남편이 무너진 것이다. 그동안 어려운 일들을 잘 이겨냈기에 남편 역시 괜찮을 것이라 여겼는데 이번에는 달라도 너무 다르다. 며칠 기다리면 되겠지 했는데 한 달을 넘어 두 달을 넘어 어느덧 8개월째 저런 모습이다. 어떻게 해줘야 할지 전혀 모르겠다. 삶이... 쉽지 않다.

(3)

매일 새벽 이른 시간에 눈이 떠진다. 미라클 모닝을 하고, 필사를 하며, 그 필사한 것에 자신의 생각을 덧붙여 글을 쓰기 시작한 후 긴 시간이 지나고 있다. 학교에서 가정에서 사회에서의 삶도 다시 되찾았고, 전보다 더 많은 에너지를 받는 느낌이 든다. 이제 그는 두려움에서 완전히 벗어난 듯하다. 신기한 것은 현실적인 문제는 하나도 해결되지 않았는데도 그의 모습에서 문제를 전혀 찾아볼 수 없다는 점이다.

문제를 해결하기 위한 방안을 잘 마련하여 하나하나 착착 진행하고 있다. 생각처럼 되지 않을 수도 있다. 하지만 최악의 상황이 닥쳐도 이젠 두렵지 않다. 현재의 삶을 즐기고 있기 때문이다. 그는 과거에 이런 기도를 드렸다.

"주님, 제가 예전의 평안한 마음을 되찾으면 주님이 원하시는 삶을 살겠습니다. 매 순간 최선을 다하며 살고, 사랑을 전하는 자가 되겠습니다. 이 두려운 마음 가져가 주시옵소서."

이제는 두려운 마음이 온전히 없어졌기에 약속을 지킨다. 게으름이란 것을 버리고 부지런히 삶을 창조해간다. 말씀을 사모하고 걸음마다 기도하는 마음으로 향한다. 타인을 비방하지 않고 사랑을 전하려 애를 쓴다. 나눔의 삶을 실현하려고 더욱 전진 중이다. 그는 이제 이렇게 이야기한다.

"할 수 있어. 이제는 하고 안 하고의 선택의 문제가 아닌 반드시 해야만 하는 사명감을 갖고 있다. 내가 그동안 무너진 데는 다 이유가 있음을 알기에 받은 축복을 더욱 크게 나누며 살리라."

그는 거룩한 사명감을 갖고 하루하루 알차게 살고 있다고 고백한다.


(4)

남편을 바라보는 아내는 이제 마음이 가볍다. 드디어 두려움에서 탈출한 남편의 모습을 볼 수 있기 때문이다. 어떻게 저렇게 한순간에 바뀌는지 신기하다. 이해가 잘 되진 않지만 그래도 감사하다. 이제는 삶에 자신감이 느껴진다. 요즘 남편과 비전에 대해 이야기를 많이 나눈다. 우리의 모습은 훗날 어떠할지 더욱 기대된다. 한 가지 깨달은 것이 있다고 그에게 이야기한다.

"누군가가 힘들 때 좋은 말로 위로하기보다는 그저 기다려주는 것이 더 좋은 것 같아요. 스스로 찾아서 저렇게 잘 돌아오는데 그동안 잘 믿지 못하고 기다려주지 못한 내 모습에 괜히 부끄러워지네요. 그저 옆에서 묵묵히 기다려주면서 할 수 있다고, 잘 하고 있다고 격려해주는 것이 더 좋다는 것을 이제 알겠어요. 잘 이겨내서 고마워요. 그리고 사랑해요!"

다들 알겠지만 나와 아내의 마음을 글로 표현한 것이다. 악몽을 꾸고 일어난 기분이다. 기나긴 시간 동안 너무 힘들었지만 이제는 하루하루가 감사하다. 그렇기 때문에 매 순간이 즐겁고 행복하다. 이제는 내가 얻은 선물을 나눠주고자 한다. 실컷 무너진 덕분에 내 사명을 더 크게 발견할 수 있었다. 오늘도 그 사명을 향해 나아간다. 좋은 교사를 넘어 위대한 교사를 향해 나는 오늘도 걸어간다.

위 - 나와 너와 우리를 위하는 삶
대 - 우리 모두 대단한 가치를 지닌 삶
한 - 한 가지 일에 몰입하는 힘을 가진, 의미 있는 삶

우리 안에는 이미 위대한 교사의 잠재된 능력이 있다. 랄프 왈도 에머슨은 위대한 교사가 되기 위해 부단히 성장하는 나에게 진정한 성공이란 어떤 것인지를 알게 해줬다.

"자주 그리고 많이 웃는 것,
현명한 이에게 존경받고 아이들에게서 사랑받는 것,
정직한 비평가의 찬사를 듣고 친구의 배반을 참아내는 것,
아름다움을 식별할 줄 알며 다른 사람에게서 최선의 것을 발견하는 것,
건강한 아이를 낳든 한 뙈기의 정원을 가꾸든 사회 환경을 개선하든 자기가 태어나기 전보다 세상을 조금이라도 살기 좋은 곳으로 만들어 놓고 떠나는 것,

자신이 한때 이곳에 살았음으로 인해 단 한 사람의 인생이라도 행복해지는 것.

이것이 진정한 성공이다."

나는 나를 만나는 제자들에게 이러한 성공 법칙을 반드시 알려주고 싶다. 그것이 내 사명이요, 살아가는 의미이기 때문이다. 나는 좋은 교사를 넘어 위대한 교사가 되기 위한 꿈을 지닌 대한민국 선생님이다.

"아이들을 다음 학년으로 올려보낼 때쯤 나에게 귀한 배움의 시간이 왔다. 위인들의 전기와 리더십에 관한 책들을 하루에 두세 권씩 독파하고, 텔레비전을 없애고, 깊은 묵상의 시간을 갖는 등 나 자신의 내면을 변화시키기 위해 최선의 노력을 기울인 날들이 나를 근본적으로 변화시켰다.

　나는 이때 자신감은 내 스스로 만드는 것임을 배웠다. 그리고 내 안에는 타인과 세상에 영향을 받고 싶어서 안달하는 가짜 나와 그에 전혀 상관없이 자신만의 세계를 가지고 있는 진짜 나가 존재한다는 사실을 깨달았다. 나는 아침마다 내 안의 진짜 나를 불러냈고, 그와 굳게 손을 잡은 채 종일 함께 생활했다. 그러자 내 안의 스위치가 사라지면서 나는 점점 아이들에게 영향을 미치기 시작했다."

이지성 작가는 《빨간약》에서 위와 같은 고백으로 아이들에게 영향을 받기보다는 영향을 미치는 교사로 변하는 과정을 이야기한다. 교사 한 명의 변화는 곧 수십 명, 수백 명 어린 영혼들의 변화를 의미하고, 그 변화의 소용돌이는 도미노처럼 빠르게 퍼져 결국 진짜 자신의 모습을 볼 수 있게 만든다. 여기서 수업을 잘하고 못하고를 논하고 싶지는 않다. 어느 수업이든 배움의 과정이 있기 때문이다. 교사와 학생 간의 수업 에너지가 일치했는지 불일치했는지만 있을 뿐이다. 수업 에너지를 일치하는 가장 강력한 방법은 교사의 성장이라 여긴다. 내가 생각하는 성장의 핵심은 크게 4가지의 무한 반복이다.

'배움 − 기록 − 성찰 − 나눔'

그 어느 것 하나 소홀히 할 수 없다. 그렇기에 나는 끊임없는 루틴을 통해 4가지를 나의 것으로 만들고자 노력하고 있다. 이 노력은 그저 나를 위한 것만이 아니라 나와 함께하고 있는 아이들에게 큰 영향을 미치고, 결국 수업의 변화를 이끌어내는 놀라운 요소들이다.

## 하나, 끊임없이 배워라!

| 시각 | 내용 |
|---|---|
| 01:00 | 잠자기 |
| 02:00 | |
| 03:00 | |
| 04:00 | |
| 05:00 | 미라클 모닝, 필사, |
| 06:00 | 글쓰기, 독서, 수업준비 |
| 07:00 | |
| 08:00 | 밀알샘의 '밀알이야기' |
| 09:00 | |
| 10:00 | |
| 11:00 | |
| 12:00 | |
| 13:00 | |
| 14:00 | |
| 15:00 | |
| 16:00 | |
| 17:00 | |
| 18:00 | 밀알샘의 '쉬운 육아' |
| 19:00 | |
| 20:00 | |
| 21:00 | |
| 22:00 | 잠자기 |
| 23:00 | |
| 24:00 | |

늦게라도 알게 되어 감사하다. 배움이 이렇게나 즐거운지 깨닫게 된 순간부터 손에서 책을 놓지 않고, 가치 있는 사람들과 소통하며, 오프라인/온라인을 통해 매일 매 순간 배움의 열정을 불태우고 있다. 새벽에 일어나서부터 잠들기까지, 심지어는 꿈에서조차 배움의 과정을 거친다. 그동안 직업과 내가 좋아하는 일을 분리하여 생활하다 보니 균형을 유지하기가 쉽지 않았다.

하지만 박성후의 《포커스 씽킹》을 읽으면서 나의 일상 업무에 내가 좋아하는 일을 섞는 작업이 얼마나 중요한지를 깨닫게 되었다. 배움을 지속적으로 유지하는 힘은 바로 '즐김'을 통해 나타난다. 그 결과 나만의 일과표가 탄생되었다. '아이들을 가르치는 직업적인 일'과 '즐기고자 하는 일'을 일치시키니 하루의 모든 시간이 배움의 연속이 되었다. 이렇게 나만의 시간표는 결국 삶의 질을 향상시켰고, 삶의 전 영역에서 배움이 일어나 매시간이 가치 있게 사용되고 있다. 일상이 곧 배움이 되어 아이들과 함께 진정한 소통의 길을 만들어간다.

나는 몇 년 전만 해도 수업에 대한 욕심이 없었다. 그저 가끔 좋은 수업 이벤트를 통해 뭔가 하는 것처럼 보여주기는 쉬웠기에 그것만으로도 만족한 교사생활이었음을 고백한다. 이제는 다르다. 욕심이 난다. 수업도 잘하고 싶고, 학급살이도 잘하고 싶다. 내가 성장한 만큼 시야가 확 트이니 이제야 수업이 보이기 시작한다. 아이들과 함께 호흡하면서 함께 성장을 꿈꾼다.

나는 아직도 수업에서는 애벌레 수준이다. 다른 사람들이 가는 길을 좇아 뛰게 되고, 다시 다른 쪽의 길로 우르르 몰려가는 느낌이기 때문이다. 하지만 애벌레처럼 천천히 가도 늦다고 여기지 않으련다. 이것을 알게 된 것만으로도 큰 수확이다. 이번 주제를 '교사의 성장이 최고의 수업을 만든다'라고 정한 것은 내가 수업을 이렇게 잘하고 있다는 말이 아니라 앞으로 그렇게 나갈 것이라는 확언을 위한 것이다.

나는 앞으로도 끊임없이 성장할 것이기 때문에 수업 또한 질적 성장을 이룰 수 있을 것이라고 확신한다. 이제야 수많은 수업 관련 저서가 눈에 들어온다. 읽으려고 애를 써도 읽히지 않던 책들이었지만 뿌리를 잘 내렸기에 가지를 치고 열매를 맺을 단계다. 수업을 위해 고민한 선배 교사들의 저서를 필두로 수십 권, 수백 권을 탐독해보려 한다. 그러면 오롯이 수업만을 위한 책도 낼 수 있는 영광이 오지 않을까 조심스럽게 기분 좋은 상상력을 펼쳐본다.

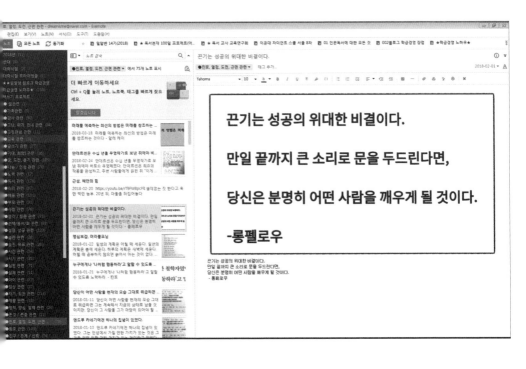

둘, 기록하라!

많은 사람들이 독서를 하지만 독서를 한다고 해서 실천으로 이어지는 사람은 소수에 불과하다. 가장 큰 이유가 게으름이라고 생각하기 쉽지만 내 생각에는 기록의 부재 때문인 듯 싶다. 기록은 독서를 완성하는 힘을 가져다준다. 수업도 마찬가지다. 기록하지 않으면 그날의 수업은 그저 바람같이 흩어질 가능성이 크다. 나는 수업을 마치면 그날 캠스캐너 어플로 찍었던 사진들을 정돈하여 학급운영 밴드(학생, 학부모)에 공유한다. 그리고 이어서 블로그에 시간별로, 주제별로 기록한다. 이런 일련의 활동을 2017년부터 매일 하고 있는데 효과가 좋다. 기록하면서 뒤에 이야기할 성찰까지 이어지는 1석 2조의 효과를 톡톡히 보고 있기 때문이다.

그날의 좋았던 점, 아쉬웠던 점, 바라는 점으로 연결되는 나만의 교단 일기장이 된다. 학생, 학부모, 교사 모두 하나가 되면서 승리할 수 있는 것이 바로 기록이라 생각하게 되었을 정도다. 책을 쓴 선생님들을 보면 즐겁게 기록하고, 또 기록하는 모습을 쉽게 볼 수 있다. 그 기록들이 결국 책으로 나온 것뿐이다. 처음에는 습관이 되지 않아서 번거로울 수도 있다. 그때는 간략히 키워드 형식으로만 해도 좋고, 사진 나열만으로도 괜찮다. 하다 보면 점점 의무감이 아니라 너도나도 즐거운 기록물이 될 것이기 때문이다. 보고서도 아니고, 그 누구에게 잘 보이기 위해서도 아닌 나와 우리만의 공간이 된다. 김민식 PD의 《매일 아침 써봤니?》를 한 줄로 나타내면 이렇다. 기록은 비범한 삶을 재는 척도가 된다.

"비범한 삶을 꿈꾸기보다 비범한 기록을 꿈꿔라."

### 셋, 성찰하라!

성장에는 성찰이 따라온다. 성찰이 곧 성장으로 가는 척도이기 때문이다. 배움을 통한 성찰, 기록을 통한 성찰, 나눔을 통한 성찰 등을 통해 진정한 교육의 정신인 '안에서 끌어내는 힘'을 가질 수 있다. 이미 아이들 안에는 무한한 힘이 존재한다. 그렇게 바라보면 그것이 보이고, 그렇게 바라보지 않으면 보이지 않을 뿐이다. 교사가 성찰하는 힘이 있으면 아이들을 함부로 대할 수 없다. 교사인 자신도 한없이 부족한 사

람이기 때문이다. 허승환 선생님께서는《허쌤의 학급경영 코칭》에서
이렇게 강조하고 있다.

"수업 개선은 교사 내면에 있는 수업에 대한 공포, 두려움을 성찰
할 때에야 시작됩니다. 그래서 수업일기는 수업의 '겉'이 아니라 수업
의 '속'을 바꿔가는 시간이 될 것입니다."

결국 속사람이 바뀌어야 겉사람 또한 의미 있게 변화할 수 있다. 수
업은 그때 비로소 완성된다.

### 넷, 나눠라!

나누지 못한 성장은 죽은 것과 마찬가지다. 나누지 못한 배움 또한
그렇다. 진정으로 나눌 때 뇌내 모르핀이 5배가 된다고 하니 교직에 있
는 동안은 매일 나눔을 통한 행복지수를 높이려 한다. 아이들에게 나눔
에 대한 이야기를 할 때 공자의 철학을 가져온다.

"내가 아는 것이 있는가? 나는 아는 것이 없다. 그러나 어떤 비천한
사람이 나에게 질문을 한다면, 아무리 어리석더라도 나는 내가 아는 것
을 다하여 알려줄 것이다."

나눔은 거창하지 않다. 내가 아는 것을 즐거운 마음으로 기꺼이 나
누면 된다. 내가 부족하다는 것을 누구보다 내가 잘 안다. 하지만 이렇
게 글을 쓰고, 책을 낼 수 있다는 용기를 갖게 된 것은 바로 공자의 나
눔 철학을 실천하기 위한 나만의 방식일 수도 있겠다.

수업을 잘하고 싶다. 아이들을 잘 이해하고 싶다. 그러기 위해서는 '배움-기록-성찰-나눔'의 일련의 과정을 통해 나를 먼저 성장의 길로 인도하고 싶다. 그것이 곧 내가 찾은 최고의 수업 비법이라고 생각한다.

# 기록, 관찰, 친절 그리고 기다림

(미국의 애니 설리번 선생님)

"한 사람이 이루어낸 자기 수양은 더이상 그 한 사람만의 것이 아니라, 우리 모두의 축복이라고 믿습니다. 따라서 자기 자신을 끊임없이 갈고 닦는 이는 결국 자신이 몸담고 살아가는 사회 전체를 복되게 할 것입니다."

– 마거릿 데이비슨, 《애니 설리번》 중에서

턱스베리 빈민 구호소, 굶주림, 결핵으로 모친 사망, 가려운 눈, 실명, 과립성 결막염, 술주정뱅이 부친 등의 키워드를 갖고 있는 애니 설리번을 만나본다. 몇 년 전에는 그저 설리번이 누구인지에 대한 지식적인 측면으로만 읽었는데, 이번에는 설리번의 시각으로 글을 따라가니 마음 한구석에서 또 다른 자아를 발견하게 되었다. 한쪽 구석에서 울고 있는 자아를 말이다.

"너는 어린 악마야! 네가 한 짓을 잘 봐. 너는 우리 집에 불행을 끌어들였다고. 지난 7년 동안 말야."

아빠에게 이런 말을 들었을 때 기분이 어땠을까? 헬렌켈러를 진정한 위인으로 이끈 애니 설리번! 고난이 있었다는 이야기는 들었지만 내가 몰랐던 설리번의 이면을 깊게 관찰할 수 있었다. 한 구절 한 구절 놓치지 않고 가슴 속 깊이 새겨나갔다. 아픔도 아픔이었지만 그것을 이겨내는 데 작용했던 '그 아이만의 단 한 사람' 법칙이 설리번에게도 있었다.

눈을 치료해주기 위해 애쓰셨던 바르바라 신부님을 비롯하여 책의 소중함과 맹인 학교의 존재를 알려준 루시 할머니, 맹인 학교에서 퇴출당할 뻔 했으나 한 번 더 믿음으로 믿어준 무어 선생님, 실수를 온몸으로 받아준 홉킨스 아주머니 등 한 사람이 이루어낸 자기 수양에는 수많은 사람들이 있음을 한 번 더 확인할 수 있었다. 그런 사랑의 에너지가 모여 결국 넘어져 있던 애니 설리번을 일으켰고, 삼중고에 시달리던 헬렌켈러에게 '그 아이만의 단 한 사람'이 될 수 있었던 것이다. 고난이 유익이 되는 진정한 교육자의 모습, 기꺼이 나누기를 실천하는 모습을 설리번을 통해서 볼 수 있었다. 헬렌 켈러가 가지고 있던 '아니오의 세계'를 극복하게 만든 비결이 몇 가지 있었는데 나는 여기서 설리번의 삶을 통해 4가지 핵심 키워드를 발견하게 되었다.

### 하나, 과거 기록을 활용하다

설리번은 헬렌켈러를 만나러 가기 전 맹인 학교에서 지금까지의 기록을 알게 된다. 하우에 박사님과 로라 브리지맨의 이야기가 바로 그 예시다. 퍼킨스 학교의 설립자이자 초대 교장직을 맡았던 하우에 박사는 헬렌켈러처럼 삼중고를 겪고 있는 로라 브리지맨을 8살 때부터 가르쳤다. 기존의 수화법을 로라의 상황에 맞게 변형시켜서 혼자만의 어두운 세계 속에서 살고 있던 로라를 밝고 넓은 세상으로 이끌어냈다. 이 자료를 수도 없이 보면서 설리번은 헬렌켈러에게 어떻게 접근해야 할 것인지를 구상할 수 있었을 것이다. 기록의 중요함을 느끼는 대목이다. 기록은 언젠가 누군가에게 반드시 도움이 된다. 책은 그래서 소중하다. 교사로서 부모로서 그동안 살아온 인생 선배들의 이야기가 들어 있는 교육적 자료들을 부단히 탐구해야 할 이유이기도 하다.

### 둘, 관찰하다

애니 설리번은 첫날 첫 대면부터 헬렌켈러를 관찰하기 시작했다. '관찰 – 경청 – 반응'의 무한반복 끝에 '단어'를 세상과 연결시켜준다. 헬렌켈러가 스스로 모자끈을 메고 푸는 장면을 통해 그녀는 이런 생각을 했다.

'그동안 네 두 손이 보이지 않는 눈을 대신해주었던 거야. 이 두 손으로 너는 많은 걸 보고 느낀 거고. 그래! 앞으로 네 이 두 손으로 더 많은 걸 배울 수 있을 거야. 네 두 손이 너를 진정으로 자유롭게 해줄 거라고!'

'네 안에 있는 것이 무엇이냐?'를 보는 그 관찰력을 통해 손끝에서 전해지는 그 힘을 느낄 수 있도록 해주는 모습이 매우 인상적이었다. 이미 그 아이가 갖고 있는 잠재력을 포착하여 그것을 통해 진정한 자유를 누리게 해주는 안내자, 촉진자의 모습을 볼 수 있었다.

### 셋, 친절하고 단호하다

헬렌켈러가 장애인이 되고 나서 가족은 불쌍하다는 이유로 그녀의 필요를 모두 채워준다. 결국 돌아온 것은 감정 응석받이인 헬렌켈러일 뿐이었다. 설리번은 가족과 동떨어져 헬렌켈러와 둘만 지내게 해달라는 제안을 할 정도로 단호하게 하나하나 습관을 잡아간다. 스스로 살아가는 힘을 길러주기 위해 감정은 수용했지만 잘못된 행동에 대해서는 단호하게 대처하는 모습을 보여주었다.

'내가 못된 짓을 저질렀을 때 만약 누군가가 내게 잘못된 점을 알려주었더라면, 속마음을 표현할 수 있는 또 다른 길이 있다는 사실을 내게 알려주었더라면, 내가 힘들고 외로웠을 때 진정한 사랑으로 나를 감싸줄 누군가가 내 곁에 있었더라면'

헬렌켈러의 변화를 지켜 보며 자기를 성찰하는 설리번의 모습에서 친절함과 단호함이 얼마나 중요한지를 깨닫게 된다.

### 넷. 기다리다

"조금만 더! 헬렌은 분명 해낼 수 있을 거야!"

이 '조금 만 더'라는 동기를 부여하기 위해서는 엄청난 기다림이 필요하다는 것을 교육과 육아를 하면서 알게 되었다. 아이에게 쉽고 빠르게 해주기 위해 무심코 했던 지난 행위들이 결국 아이의 기회를 박탈해 버리는 결과를 가져온다는 것을 나중에서야 알게 된 것이다. 자기력은 스스로 애쓰는 것을 통해 하나씩 발현되는데 나는 그것을 충분히 기다려주지 못했었다. 아이를 기다려주지 못하는 자들을 위해 링컨은 뼈 있는 말을 한다.

"사랑하는 사람에게 할 수 있는 가장 나쁜 일은 바로 그들이 할 수 있고 해야 할 일을 대신해주는 것이다."

설리번의 셀 수 없는 반복과 기다림은 결국 헬렌켈러에게 단어와 세상과의 관계, 글자와 의미와의 관계를 깨닫게 해주었다. '물－땅－펌프－헬렌켈러－선생님'으로 이어지는 단어와 대상과의 관계를 깨닫기까지 얼마나 '조금만 더'를 외쳤을까! 결국 기다림은 아이를 깨우는 놀라운 능력이 될 수 있다는 것을 그녀를 통해 배우게 된다.

설리번의 자기 수양은 결국 세상의 축복이 되어 실현되었다. 장애인의 날이 되면 아이들과 한편의 영상을 본다. 신비한 TV 서프라이즈에서 만난 애니 설리번에 대한 이야기, 〈기적〉. 그로 인해 우리는 감사함을 느끼고, 무엇보다 삶의 모든 것들이 가치가 있음을 논하곤 한다. 나는 나를 넘어, 너를 넘어, 우리 안에 이미 갖고 있는 기적을 믿는다.

# 교사의 성장으로 수업을 완성하라

나는 수업 전문가가 아니다. 학급이 화려하지도 않다. 훌륭한 선생님들이 한 것들, 각종 책에서 배운 것들, 연수를 통해 알게 된 것들을 재구성해서 실천하는 데 하루하루 힘쓸 뿐이다. 이러한 것들이 나를 힘들게 하지는 않는다. 나는 꾸준히 성장하고 있고, 부족한 것을 알기 때문에 하루에 1도씩 높인다는 생각으로 내 자신을 뜨겁게 달군다.

"뜨거운 열정보다 중요한 것은 지속적인 열정이다."

– 마크 주커버그

그렇다. 나는 수업 전문가는 아니지만 성장 전문가라는 칭호를 좋아한다. '독서-글쓰기-사색'이 이뤄지는 새벽은 나를 강하게 성장의 삶으로 이끌었고 아직도 진행 중이기에 멈출 수 없다. 이런 성장의 느낌은 결국 수업 에너지로 전이된다. 수업이 언제나 만족스럽다고 할 수는 없지만 부정적인 것이 올라올 때마다 나는 늘 나만의 성장 버튼을 누르고 있다.

"아이들에게 영향받지 않는다. 영향을 미친다."

이지성의 《빨간약》을 읽으며 내 생각과 참으로 비슷하다는 생각을 많이 했다. 그중 위의 문구를 가슴속 깊이 새기며 나만의 버튼을 보이지 않게 작동시킨다. 교사로서의 내 삶이 바로 서지 않으면 감히 이런 말을 꺼낼 수도 없다는 것을 알기에 끊임없는 성장 모드로 매일 매 순간 성장하며 즐겁게 살고 있다. 이것이 곧 수업을 완성하는 키포인트이자 물음표, 느낌표, 마침표가 될 것이다. 그동안 성장하는 수많은 사람들을 만났다. 책 속에서! 삶 속에서! 그들에게는 3가지의 '점'이 있음을 알 수 있었다.

첫 번째, '점점' 날마다 조금씩 나아지고 있다는 점이다. 갑자기 변하는 것이 아니라 서서히 변한다. 어제의 '나'보다 오늘의 '나'는 조금 더 나아졌다는 게 중요하다. 경쟁상대는 어제의 나인 셈이다. "나는 천천히 걷지만 절대로 뒷걸음질치지는 않는다"고 말한 링컨처럼 매일 조금씩 전진하는 삶을 살아가는 사람들이었음을 알게 되었다.

두 번째, Impossible(불가능)이란 단어에도 I와 m 사이에 점(·) 하나를 찍으면 I'm possible(나는 가능하다)로 바뀐다는 점이다. 수많은 위인들과 성공한 사람들은 불가능을 가능으로 만드는 재주가 있었다. 링컨은 정규교육과정을 9개월만 다녔음에도 불구하고 감히 따라할 수 없는 위대한 업적을 만들었고, 벤자민 플랭클린 또한 정규교육과정을 2년만 다녔음에도 불구하고 84세까지 미국 최고의 과학자, 발명가, 외교관, 저술가, 비즈니스 전략가로서 엄청난 업적을 재창출했다. 18년간의 유배생활을 한 정약용, 9세부터 성폭력에 시달려온 오프라 윈프리, 말더듬이였던 아인슈타인, 감옥생활을 했던 《천로역정》의 존 번연·김대중·넬슨 만델라, 은행원이었던 피터 드러커, 부두의 노동자였던 앨빈 토플러, 농사꾼의 아들 정주영 회장, 구두닦이였던 데일 카네기, 빌딩 청소부였던 앤서니 라빈스, 왕따에다 식민지 출신이었던 나폴레옹, 농부의 아들인 마오쩌둥, 초등학교도 졸업하지 못한 교보문고 신용호 회장, 근육 무기력증에 걸려 3년간 병상에 누워 있던 이랜드 박성수 회장, 스코틀랜드의 가난한 노동자였던 앤드류 카네기, 그리스 노예였던 이솝 등 수많은 위인들은 점(·) 하나를 통해 불가능을 가능으로 바꾼 사람들이었음을 알게 되었다. 그들은 매일 성장의 기쁨을 알던 사람들이다.

　세 번째, 자신만의 스토리인 '점'들을 연결했다는 점이다. 스티브 잡스의 명연설 중 하나로 회자되는 것이 2005년 스탠포드 대학 연설이다. 그는 우리가 지금 하고 있는 모든 것들이 미래의 가치와 연결되는 점이 될 수 있다고 이야기하면서 직관에 따라 현재에 최선을 다하는 삶, 좋아하는 것을 찾아 안주하지 않는 삶을 살아가라고 조언했다. 매일 매 순간 진정한 가치가 있는 것이 무엇인지 끊임없이 묻고 대답하면서 자신만의 '점'들을 연결해 나가는 삶은 성장으로 이어진다는 것을 일깨워준다.

　　날마다 나아지도록 만드는 점!
　　불가능을 가능으로 만드는 점!
　　나만의 스토리를 만드는 점!

　나는 이 3가지 '점'들을 끊임없이 추구하고 나아가는 자가 되고 싶다. 그와 동시에 지금 만나고 있는, 앞으로 만나야 할 수많은 영혼들과 나누고 싶다. 성장하는 삶으로 나만의 수업을 완성해본다.

이 책이 나오기까지 감사를 드려야 할 분이 많다.

좋은 기획력으로 독자들과 소통하게 해주는 행복한 미래 출판사의 홍종남 대표님,

언제나 먼저 다가와서 "선생님 사랑해요"라며 무한 관심과 격려를 주는 밀알반 친구들(민준, 세현, 도형, 민중, 서진, 용빈, 윤진, 형준, 승민, 건희, 현선, 성주, 재진, 성현, 서준, 유빈, 동한, 주용, 민선, 은서, 지윤, 혜련, 정현, 두나, 예지, 혜인, 수민, 예은, 진영, 수빈 A, 수빈 B), 함께 머리를 맞대고 노력하는 동학년 선생님(류차남, 유태욱, 김수연)을 비롯한 본교 선생님들,

끊임없는 기도로 동역해주시는 방민철, 장유진, 전성일 목사님, 박덕수, 이한국 전도사님과 묵묵한 속회를 기도와 섬김으로 이끌어주시는 조민재 권사님을 비롯한 속회 식구들,

노래의 끈으로 연결된 트라이앵글 19기(석중, 희진, 혜린, 좌실, 보성, 상희, 진옥, 은영),

독서와 글쓰기라는 키워드로 새로운 삶을 키워가고 있는 '리딩으로 리드하라', '로고독서교육 연구회', '책바침' 선생님들, 하루 1cm씩 나아갈 수 있는 힘을 준 수많은 책들과 인연이 된 수많은 분들,

하나님이 맺어준 인연으로 독서의 삶, 글 쓰는 삶에 강한 동기부여를 해준 《진짜 엄마 준비》의 저자이자 아내인 정선애, 수만 가지 사랑 표현법을 아는 우리 하온이, 시온이, 항상 무한한 사랑으로 감싸주시는 부모님들께 감사의 인사를 드린다.

P.S.

추가로 꼭 인사하고 싶은 분이 있다. 이 책을 열심히 집필하고 있을 때 71살의 나이로 세상과 작별을 고하신 내 아버지, 김종준 님. 부족한 살림에도 다른 사람들을 돕는 데 늘 힘쓰신 진짜 어른이셨다. 갑작스런 부고에도 먼길을 한걸음에 달려와 위로와 격려의 말씀을 주신 모든 분들께 진심으로 머리 숙여 감사드린다.

행복한 교육을 위한 교사 성장 프로젝트!